Sammlung von Übungen für die SPS-Programmierung

Vorwort

Ich freue mich, zum dritten Mal die Möglichkeit zu haben, ein SPS-Programmierbuch zu veröffentlichen. Diesmal handelt es sich um eine Sammlung von Übungen zum Erlernen der SPS-Programmierung.

Während der letzten 7 Jahre war ich Ausbilder für die SPS-Programmierung im Studiengang Automatisierungstechnik (einem 2-jährigen Studium) an der Dania Academy in Dänemark. In dieser Zeit habe ich viele Übungen für die Studierenden entwickelt, und die besten dieser Übungen sind nun in diesem Buch zu finden.

Wissensgrundlagen

Die Ideen für die Übungen sind mir gekommen, indem ich eine Vielzahl von Fachmessen besucht habe, Updates in den sozialen Medien verfolgt habe, Literatur zur Automatisierung gelesen habe und auch von den Prüfungsprojekten der Studierenden. Darüber hinaus lasse ich mich von meiner beruflichen Arbeit mit Programmierung inspirieren.

Auswahl der Übungen für das Buch

von denen ich glaube, dass sie ein gutes Lernen im Bereich der SPS bieten, und gleichzeitig Übungen, die die Studierenden spannend finden. Ich habe viel Zeit darauf verwendet, die Übungen zu entwickeln, um sicherzustellen, dass sie viele der verschiedenen beruflichen Herausforderungen abdecken können, die bei der SPS-Programmierung auftreten können, und um sicherzustellen, dass die Übungen viele berufliche Aspekte der SPS-Programmierung abdecken.

Das Buch ist pädagogisch und didaktisch strukturiert mit mehr als 150 Illustrationen und Tabellen, was bedeutet, dass es einen Lernfortschritt im gesamten Buch gibt und daher die Übungen an Schwierigkeit zunehmen.

Leider kann ich bei den Übungen nicht helfen oder Lösungen für die Übungen bereitstellen, aber Kommentare, Kritik und Vorschläge zur Verbesserung sind herzlich willkommen per

E-Mail an: TomMejerAntonsen@gmail.com

Ich habe zuvor die folgenden Bücher veröffentlicht:

      "PLC Control with Structured Text (ST)", first edition 2018

      "SPS Programmierung mit Strukturierter Text (ST), V3", 2020

      "PLC Control with Ladder Diagram (LD)", first edition 2021

Diese Bücher werden nun in einer Vielzahl von Bildungsprogrammen und Schulen verwendet, und viele Unternehmen haben Bücher für ihre Mitarbeiter gekauft. Natürlich finden Sie in den Büchern auch Tipps für einige der Übungen.

Vielen Dank an die Studierenden für ihre Rückmeldungen und Inspiration.

Mit freundlichen Grüßen,

Tom Mejer Antonsen
Randers, Danemark, April 2024

Tom Mejer Antonsen

Sammlung von Übungen für die SPS-Programmierung

**100 Programmieraufgaben und Übungen
vom Anfänger- bis zum Expertenniveau**

Illustrationen und Grafiken: Tom Mejer Antonsen
Deutsche Übersetzung: Josef Bernhardt

Die Originalversion (Dänisch) 1. Auflage, erschienen im März 2024

Forlag: BoD – Books on Demand, Hellerup, Danmark
Tryk: BoD – Books on Demand, Norderstedt, Tyskland

ISBN: 978-87-4305-764-2

Inhaltsverzeichnis

1 Einleitung

Dieses Buch enthält Übungen für Speicherprogrammierbare Steuerungen (SPS).

Das Buch ist pädagogisch strukturiert und beginnt mit einfachen Programmierübungen, die nur Logik (Relaislogik mit Ein-/Aus-Signalen) beinhalten. Anschließend werden weitere Programmierungstechniken hinzugefügt, was den Schwierigkeitsgrad erhöht. Das bedeutet, dass nach den einfachen Logikübungen Übungen mit Zählern, Zeitgebern, analogen Sensoren, angewandter Mathematik, ARRAY, STRUCT und STRING enthalten sind. Das Buch enthält auch Übungen, bei denen eine Sicherheits-SPS programmiert werden muss, sowie Übungen zur Bauteilbenennung, Programmierung von Funktionen und Funktionsblöcken, Sequenztechnik, manuellem oder automatischem Betrieb und Integration mit einem Roboter, Frequenzumrichter (FU) oder einer Vision-Kamera.

Das abschließende Kapitel besteht aus gemischten komplexen Übungen, bei denen alle Programmiertechniken kombiniert werden. Zum Beispiel gibt es Übungen für Produktionslinien und Datensammlung, sowie Übungen, bei denen Sensoren ausgewählt werden müssen und die Steuerspezifikationen vor der Programmierung geschrieben werden müssen.

Alle Übungen im Buch wurden ausgewählt, um in Bezug auf die typischen Herausforderungen, die bei der SPS-Programmierung auftreten können, relevant, praktisch und realistisch zu sein.

Beginnen wir mit den Übungen
Wenn Sie Anfänger in der SPS-Programmierung sind, wird empfohlen, mit den ersten Übungen im Buch zu beginnen. Diese Übungen sind auf Anfängerniveau und bieten eine gute Einführung in die Programmierung einer SPS. Sie können später im Buch zu den komplexeren Übungen übergehen, wenn Sie mehr Erfahrung gesammelt haben.

Auswahl des SPS-Herstellers und Programmiersprache
Die Übungen können mit allen Arten von SPS gelöst werden, unabhängig von Marke oder Modell. Ebenso besteht keine Voraussetzung für die Verwendung einer bestimmten SPS-Programmiersprache. Sie werden viel lernen, indem Sie die Aufgaben in mehreren verschiedenen SPS-Programmiersprachen lösen. Zum Beispiel kann eine Übung zunächst in Kontaktplan und dann in Strukturierter Text programmiert werden.

Einige Übungen sind natürlich besser für eine bestimmte Programmiersprache geeignet, daher liegt es an Ihnen, die richtige Programmiersprache zu wählen. Ebenso eignen sich einige Übungen am besten für die Verwendung von Sequenztechniken und die Entwicklung eigener Funktionen.

Wer kann dieses Buch nutzen?
Das Buch ist in erster Linie für den Einsatz im Hochschulstudium "Akademischer Abschluss (AP) in Automatisierungstechnik" konzipiert. Es kann jedoch auch für viele andere Ausbildungen verwendet werden, die die SPS-Programmierung umfassen. Dazu gehören die Ausbildung zum Elektriker, die Ausbildung zum Steuerungs- und Regelungselektriker, die Ausbildung zum Automatisierungstechniker sowie Hochschulprogramme für Maschinenbauingenieure und Automatisierungsingenieure.

Für die Übungen im Buch können leider keine Garantie, Unterstützung oder Lösungen bereitgestellt werden.

2 Übungen zu logischen Schaltungen

Dieses Kapitel enthält ausschließlich Übungen mit logischen Schaltungen, wobei die ersten Übungen auf Anfängerniveau sind. Später im Kapitel werden anspruchsvollere Übungen eingeführt.

2.1 Lampe mit einem Taster einschalten

Diese Übung umfasst einen Taster und eine Lampe, die an eine SPS angeschlossen sind:

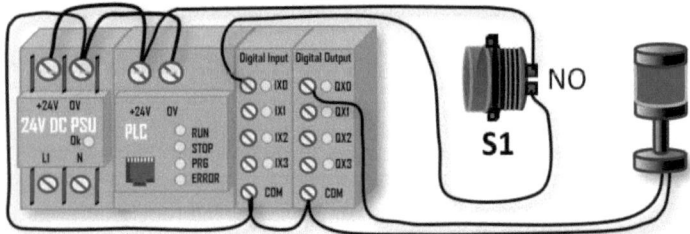

Der Taster **S1** ist mit einem digitalen Eingangsmodul verbunden, und die Lampe **P1** ist mit einem digitalen Ausgangsmodul verbunden.
Der Taster ist ein normalerweise offener (NO) Kontakt.

Schreiben Sie ein SPS-Programm, das die folgenden Anforderungen erfüllt:
- Die Lampe **P1** wird eingeschaltet, wenn **S1** gedrückt wird.
- Die Lampe **P1** sollte ausgeschaltet sein, wenn **S1** nicht gedrückt wird.

2.2 Lampe mit zwei Tastern einschalten

Hier sind zwei Taster und eine Lampe, die mit einer SPS verbunden sind:

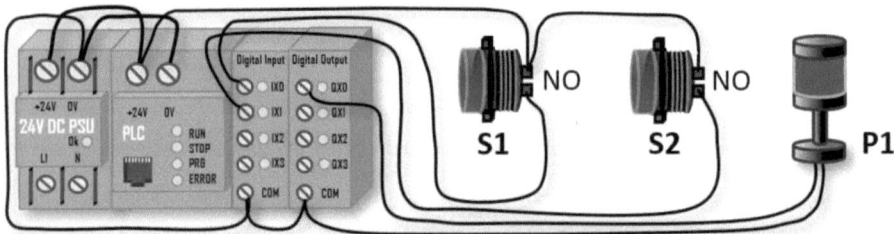

Beide Taster sind normalerweise offene (NO) Kontakte.
Die beiden Taster sind mit separaten digitalen Eingängen auf einem digitalen Eingangsmodul verbunden, und die Lampe ist mit einem digitalen Ausgangsmodul verbunden.

Schreiben Sie ein SPS-Programm, bei dem die Lampe **P1** eingeschaltet wird, wenn beide Taster **S1** und **S2** gleichzeitig (gleichzeitig) gedrückt werden. Wenn beide Taster nicht gleichzeitig gedrückt werden, sollte die Lampe ausgeschaltet sein.

2.3 Lampe mit Taster ausschalten

Hier ist ein Taster und eine Lampe, die mit einer SPS verbunden sind:

Die Lampe ist eingeschaltet.
Der Taster ist ein normalerweise offener (NO) Kontakt.

Schreiben Sie ein Programm, das wie folgt funktioniert:
- Wenn der Taster **S2** gedrückt wird, sollte die Lampe **P2** ausgeschaltet werden.
- Wenn der Taster **S2** nicht gedrückt wird, sollte die Lampe **P2** eingeschaltet sein.

2.4 Lampe mit einem der beiden Taster einschalten

Diese Übung umfasst zwei Taster und eine Lampe, die mit einer SPS verbunden sind:

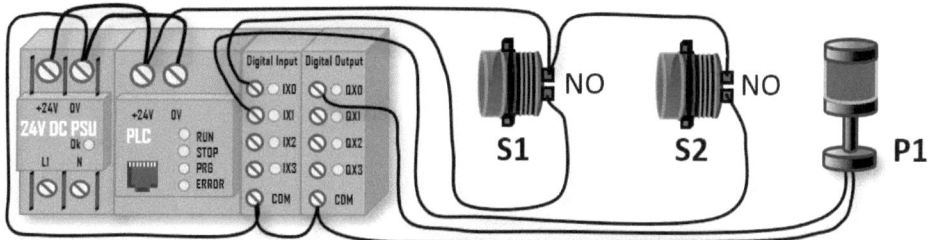

Beide Taster sind normalerweise offene (NO) Kontakte.

Schreiben Sie ein SPS-Programm, bei dem die Lampe **P1** eingeschaltet wird, wenn entweder der Taster **S1** oder der Taster **S2** gedrückt wird.

2.5 Zwei Lampen mit einem Drehschalter einschalten

In dieser Übung ist ein Drehschalter mit einem digitalen Eingang verbunden, und zwei Lampen sind mit separaten digitalen Ausgängen verbunden:

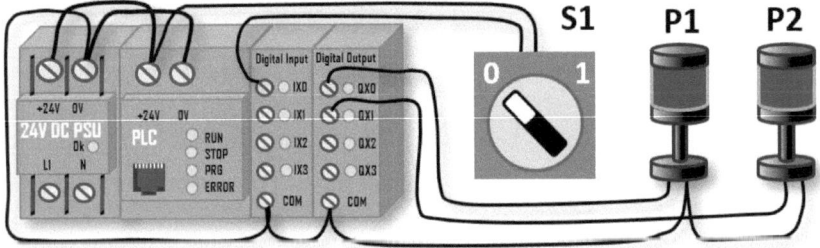

Schreiben Sie ein SPS-Programm, das wie folgt funktioniert:

- Wenn der Drehschalter **S1** in Position "1" (Ein) ist, sollten beide Lampen eingeschaltet werden.
- Wenn der Drehschalter **S1** in Position "0" (Aus) ist, sollten beide Lampen ausgeschaltet werden.

2.6 Lampen mit einem Taster ein- und ausschalten

Diese Übung umfasst einen Taster und zwei Lampen, die mit einer SPS verbunden sind:

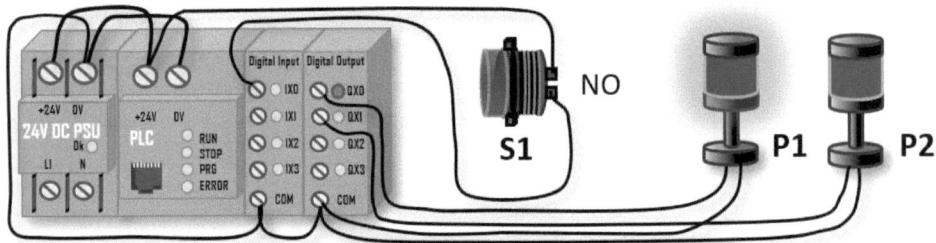

Eine der Lampen ist eingeschaltet.

Schreiben Sie ein Programm, das wie folgt funktioniert:

- Wenn der Taster **S1** gedrückt wird, sollte die Lampe **P1** ausgeschaltet und die Lampe **P2** eingeschaltet werden.
- Wenn der Taster **S1** nicht gedrückt wird, sollte die Lampe **P1** eingeschaltet und die Lampe **P2** ausgeschaltet werden.

2.7 Lampe mit zwei Tastern (NO, NC) einschalten

Hier sind zwei Taster, **S1** und **S2**, und eine Lampe, **P1**, die mit einer SPS verbunden sind:

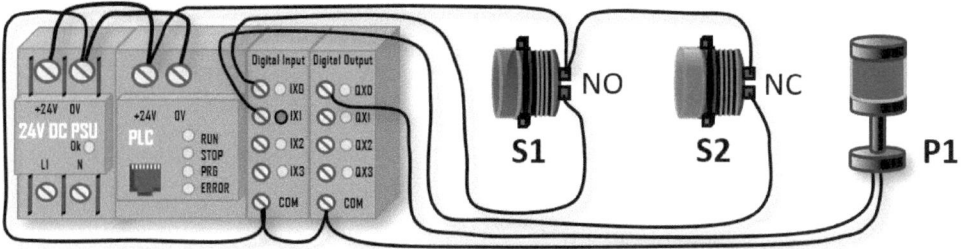

Der Taster **S1** ist ein normalerweise offener (NO) Kontakt.
Der Taster **S2** ist ein normalerweise geschlossener (NC) Kontakt.

Schreiben Sie ein Programm, das wie folgt funktioniert:

- Die Lampe **P1** sollte eingeschaltet werden, wenn entweder der Taster **S1** oder der Taster **S2** gedrückt wird.
- Wenn sowohl die Taster **S1** als auch **S2** gleichzeitig gedrückt werden, sollte die Lampe **P1** eingeschaltet werden.

2.8 Lampe mit zwei Tastern einschalten

Hier sind zwei Taster und eine Ampel mit drei Lampen, die mit einer SPS verbunden sind:

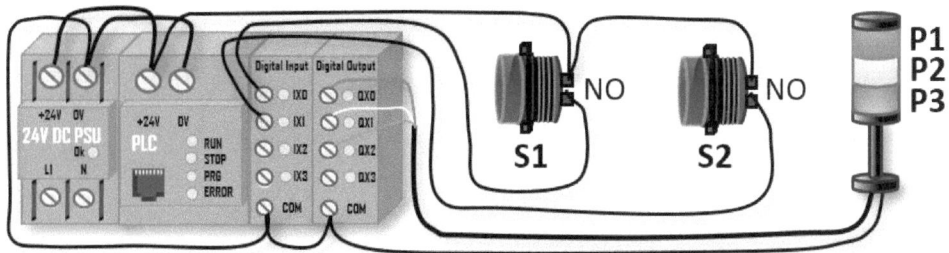

Schreiben Sie ein SPS-Programm, das wie folgt funktioniert:

- Wenn der Taster **S1** gedrückt wird, sollte die Lampe **P1** eingeschaltet werden.
- Wenn der Taster **S2** gedrückt wird, sollte die Lampe **P2** eingeschaltet werden.
- Wenn beide Taster gleichzeitig gedrückt werden, sollten **P1** und **P2** ausgeschaltet sein.
- Wenn beide Taster gleichzeitig gedrückt werden, sollte **P3** eingeschaltet werden.

2.9 Lampe mit einem Drehschalter einschalten

Drehschalter mit vier verschiedenen Einstellungen, die als **S0**, **S1**, **S2** und **S3** bezeichnet sind, wobei jede mit einem separaten digitalen Eingang an der SPS verbunden ist. Außerdem gibt es eine Ampel mit drei Lampen, die mit digitalen Ausgängen verbunden sind:

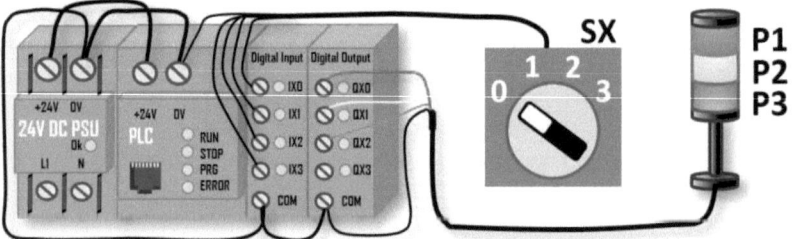

Schreiben Sie ein Programm, das wie folgt funktioniert:

Die Einstellung des Drehschalters muss die Beleuchtung im Lampenturm steuern:

- Einstellung 0: Alle drei Lampen sollten ausgeschaltet sein (wie im Bild gezeigt).
- Einstellung 1: Nur Lampe **P1** sollte eingeschaltet sein.
- Einstellung 2: Nur Lampe **P2** sollte eingeschaltet sein.
- Einstellung 3: Alle drei Lampen sollten eingeschaltet sein.

2.10 Selbsthaltung programmieren

In dieser Übung sind zwei Taster und eine Lampe mit einer SPS verbunden:

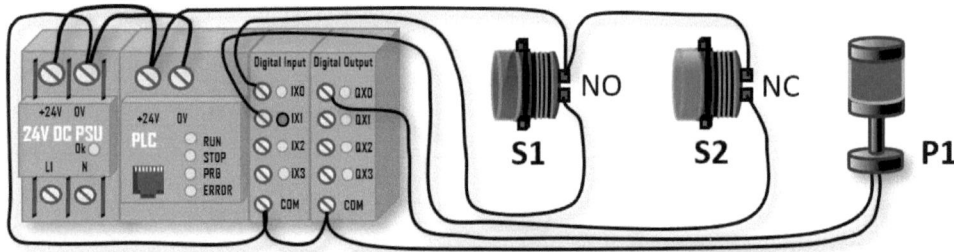

Der Taster **S1** ist ein normalerweise offener (NO) Kontakt.

Der Taster **S2** ist ein normalerweise geschlossener (NC) Kontakt.

Schreiben Sie ein SPS-Programm, das wie folgt funktioniert:

Die Lampe **P1** sollte eingeschaltet werden, wenn der Taster **S1** gedrückt wird, und die Lampe sollte eingeschaltet bleiben, auch wenn der Taster **S1** nicht mehr gedrückt wird. Wenn der Taster **S2** gedrückt wird, sollte die Lampe **P1** ausgeschaltet werden.

Dies ist eine grundlegende Funktion in einer SPS, bekannt als Selbsthaltung.

2.11 Paket auf dem Förderband

In dieser Übung müssen Sie ein SPS-Programm schreiben, um ein Förderband zu steuern.

Illustration des Förderbandes:

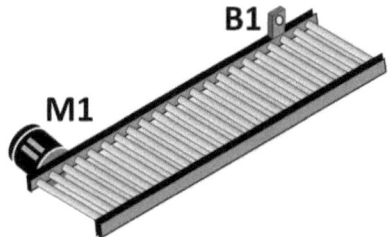

Beschreibung:

Die Einrichtung besteht aus einem Förderband, das von einem Motor **M1** gesteuert wird.

Der Motor läuft, wenn er ein **TRUE**-Signal von der SPS erhält, und stoppt, wenn das digitale Signal **FALSE** ist.

Das Förderband verfügt über einen Sensor **B1**, der ein **TRUE**-Signal liefert, wenn sich ein Paket vor dem Sensor befindet.

Wenn kein Paket vorhanden ist, liefert der Sensor ein **FALSE** Signal.

Es gibt einen Drehschalter **S1**, der verwendet wird, um das Förderband zu starten und zu stoppen.

Die beiden Betriebsarten sind unten dargestellt:

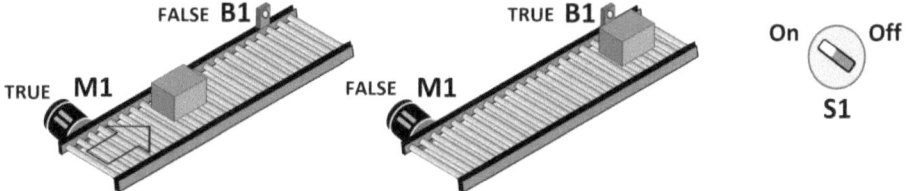

Betriebsarten

Der Drehschalter **S1** wird verwendet, um das Förderband einzuschalten und auszuschalten.

Pakete gelangen auf das Förderband, und wenn der Sensor **B1** durch ein Paket aktiviert wird (ein **TRUE**-Signal liefert), muss das Förderband anhalten, um zu verhindern, dass das Paket vom Förderband fällt und auf dem Boden landet.

Sobald ein Bediener das Paket entfernt hat, das am Sensor **B1** gestoppt ist, sollte das Band wieder starten, um Platz für ein neues Paket zu schaffen.

Übung

Schreiben Sie ein SPS-Programm basierend auf der Beschreibung.

2.12 Palettenhubtisch

In dieser Übung müssen Sie ein Programm für einen Palettenhubtisch schreiben:

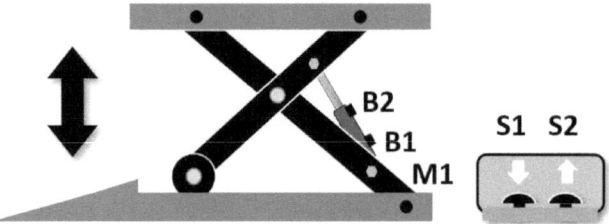

Zweck

Der Palettenhubtisch kann eine Palette auf Arbeitshöhe heben, so dass die Mitarbeiter auf die Waren auf der Palette zugreifen können, ohne sich bücken zu müssen. Diese Lösung bietet eine gute Arbeitsumgebung.

Beschreibung

Es gibt einen Aktuator **M1** (einen Motorzylinder), der den Palettenhub nach oben und unten bewegt.

Der Palettenhub wird über ein Fußpaneel mit zwei Schaltern betrieben. Der Hub bewegt sich nach oben, wenn der Schalter **S2** gedrückt gehalten wird, und nach unten, wenn der Schalter **S1** gedrückt gehalten wird. Ein Sensor **B2** gibt ein **TRUE**-Signal, wenn der Palettenhub nicht weiter nach oben fahren soll, und ein Sensor **B1** gibt ein **TRUE**-Signal, wenn der Palettenhub nicht weiter nach unten fahren soll. Der Palettenhub darf sich nicht bewegen, wenn sowohl der Schalter **S1** als auch der Schalter **S2** gleichzeitig gedrückt werden.

Hier wurde der Hubtisch bis zur Werkbank angehoben:

Hier wurde der Hubtisch bis zur Werkbank angehoben:

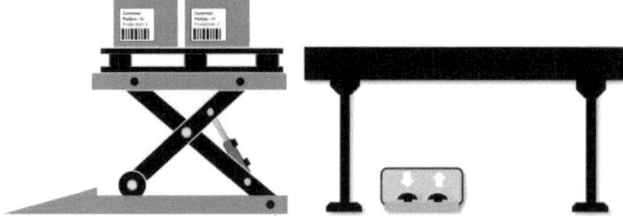

Übung

Schreiben Sie ein SPS-Programm für den Palettenhubtisch.

2.13 Abfüllen von Wasser in Kanister

In dieser Übung müssen Sie ein SPS-Programm schreiben, das Wasser in Kanister füllen kann.

Beschreibung

Ein Motor **M1** treibt ein Förderband an. Wenn der Motor ein **TRUE**-Signal von der SPS erhält, bewegt sich das Förderband nach rechts.

Wenn der Sensor **B1** ein **FALSE**-Signal und der Sensor **B2** ein **TRUE**-Signal liefert, ist der Kanister korrekt für die Wasserbefüllung positioniert.

Der Kanister wird mit Wasser gefüllt, wenn das Ventil **Q1** (ein elektrisches Wasserventil) ein **TRUE**-Signal von der SPS erhält.

Der Sensor **B5** misst die im Kanister befindliche Wassermenge. Wenn Sensor B5 ein **TRUE**-Signal liefert, ist der Kanister gefüllt und **Q1** wird auf **FALSE** gesetzt, um das Wasser abzuschalten.

Sobald der Kanister gefüllt ist, wird der Motor **M1** auf **TRUE** gesetzt, um den Behälter wegzufahren und einen neuen, leeren Kanister hineinzubringen.

Beschreibung der Bilder:

❶ Dieses Bild zeigt einen leeren Kanister, der über das Förderband läuft.

❷ Dieses Bild zeigt einen leeren Kanister, der mit Wasser gefüllt wird.

❸ Dieses Bild zeigt den Kanister, der nun mit Wasser gefüllt ist und sich entfernt.

Übung

Schreiben Sie ein SPS-Programm auf Grundlage der Beschreibung.

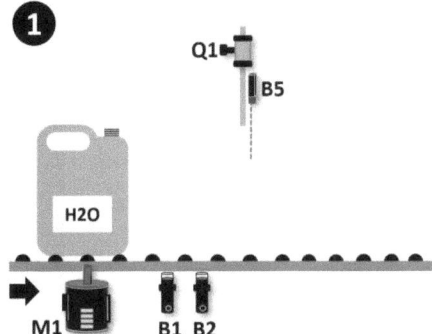

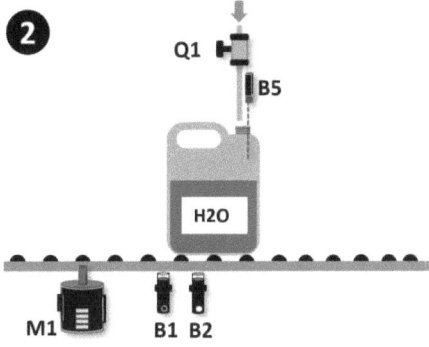

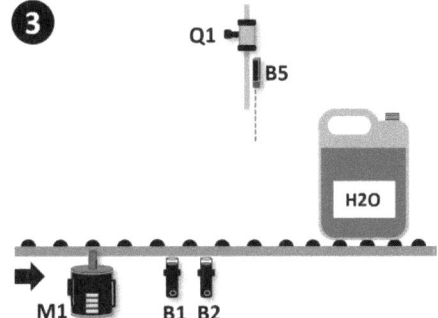

2.14 Pumpenschacht mit Pumpe und Schwimmerschaltern

In dieser Übung müssen Sie ein Programm für einen Pumpbrunnen schreiben.

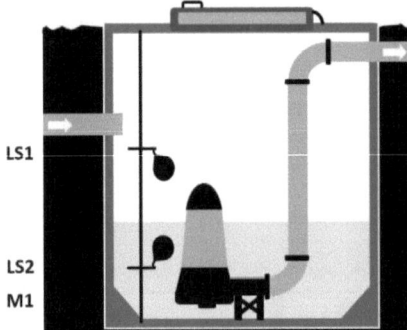

Der Pumpenschacht befindet sich unter der Erde und besteht aus einer Pumpe und zwei Schwimmerschalterkontakten, wie in der Abbildung links zu sehen ist. Der Pumpbrunnen wird verwendet, um Abwasser aus einem Wohnhaus abzupumpen.

Die Pumpe wird von einem Motor mit der Bezeichnung **M1** gesteuert und kann direkt mit einem Ein/Aus-Signal (digitales Signal) von einer SPS gesteuert werden.

Der obere Schwimmerschalterkontakt **LS1** ist ein Öffnerkontakt (NC).

Der untere Schwimmerschalterkontakt **LS2** ist ein Schließer (NO).

Wenn Abwasser in den Pumpenschacht fließt, steigt der Wasserstand im Pumpenschacht und aktiviert die beiden Schwimmerschalterkontakte wie unten dargestellt:

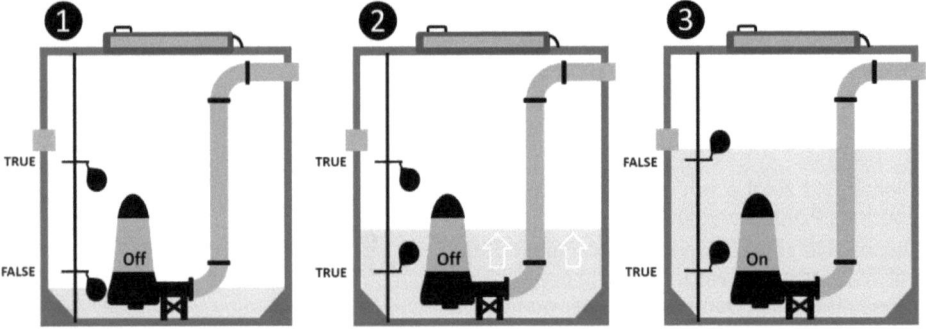

Niedriger Pegel im Pumpenschacht
Bei niedrigem Pegel (1) im Pumpenschacht gibt der Schwimmerschalter **LS2** ein **FALSE**-Signal, und die Pumpe **M1** sollte ausgeschaltet werden, da kein Abwasser mehr gepumpt werden muss.

Steigendes Niveau
Wenn der Pegel im Pumpenschacht steigt (2), wird zuerst der Schwimmerschalter **LS2** und dann der Schwimmerschalter **LS1** aktiviert. Erst wenn **LS1** durch den Füllstand aktiviert wird (Signal **TRUE**), sollte die Pumpe **M1** beginnen, das Abwasser abzupumpen (3).

Sinkendes Niveau
Die Pumpe sollte weiterlaufen, auch wenn der Füllstand unter **LS1** fällt. Erst wenn der Pegel wieder unter den Schwimmerschalter **LS2** fällt, sollte die Pumpe anhalten.

Übung
Schreiben Sie ein SPS-Programm für den Pumpenschacht.

2.15 Programm für eine Dunstabzugshaube

In dieser Übung müssen Sie ein SPS-Programm für eine Dunstabzugshaube schreiben, die in einer Küche verwendet wird.

Beschreibung

Die Dunstabzugshaube verfügt über einen Ventilator, der mit drei verschiedenen Geschwindigkeiten betrieben werden kann.

Die Dunstabzugshaube verfügt über insgesamt sechs Bedientasten an der Front:

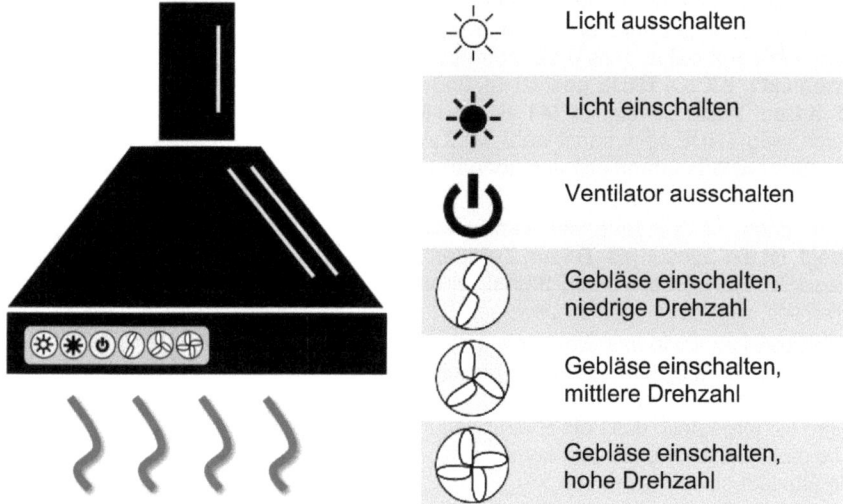

☼	Licht ausschalten
☀	Licht einschalten
⏻	Ventilator ausschalten
⊘	Gebläse einschalten, niedrige Drehzahl
⊘	Gebläse einschalten, mittlere Drehzahl
⊕	Gebläse einschalten, hohe Drehzahl

In dieser Übung müssen Sie selbst Namen für Variablen und Komponenten wählen.

Es ist nicht notwendig, den Ventilator auszuschalten, bevor Sie die Geschwindigkeit ändern. Die Lüfterdrehzahl wird durch drei digitale Signale von der SPS gesteuert, und nur eines dieser Signale kann gleichzeitig **TRUE** (24 V) sein. Wenn alle drei digitalen Signale für den Lüfter **FALSE** (0 V) sind, wird der Lüfter ausgeschaltet.

Übung

Schreiben Sie ein SPS-Programm für die Dunstabzugshaube.

2.16 Bohrmaschine mit Zweihandbedienung

In dieser Übung soll ein SPS-Programm für eine Bohrmaschine mit einer Zweihandsteuerung geschrieben werden.

Der Aufbau besteht aus einer Bohrmaschine **M1**, zwei manuell betätigten Tastern **S1** und **S2** und einem Sensor **B3**.

Beschreibung

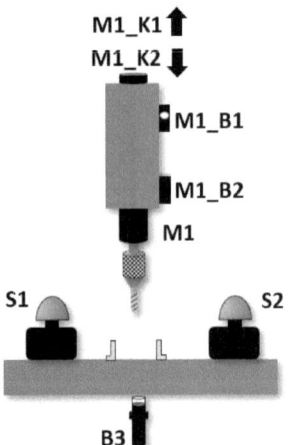

Die Bohrmaschine **M1** kann sich mit Hilfe eines elektrischen Zylinders (auch Aktuator genannt) auf und ab bewegen. Die Bohrmaschine startet, wenn **M1** ein Signal erhält (auf **TRUE** gesetzt). Der Zylinder sorgt dafür, dass die Bohrmaschine abwärts fährt, wenn **M1_K2** auf **TRUE** gesetzt ist, und aufwärts fährt, wenn **M1_K1** auf **TRUE** gesetzt ist. **M1_K2** und **M1_K1** dürfen nicht gleichzeitig **TRUE** sein, sonst weiß der Zylinder nicht, ob er auf- oder abwärts fahren soll und könnte daher zerbrechen.

Um zu verhindern, dass der Zylinder bricht, wenn er sich zu weit nach oben bewegt, ist ein Sensor **M1_B1** am Zylinder angebracht. Dieser Sensor gibt ein **TRUE**-Signal, wenn der Zylinder aufhören soll, sich nach oben zu bewegen.

Um zu verhindern, dass zu tief in das Werkstück gebohrt wird, ist am Zylinder ein Sensor **M1_B2** angebracht, der ein **FALSE**-Signal abgibt, wenn nicht weiter nach unten gebohrt werden soll. Dadurch wird sichergestellt, dass die Bohrungen in allen Werkstücken die gleiche Tiefe haben und somit eine gleichbleibende Qualität gewährleistet ist.

Die folgenden Bilder zeigen die Funktionsweise der Bohrmaschine:

Platzierung des Werkstücks

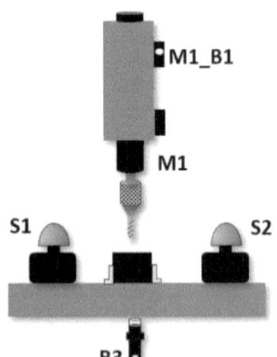

Zunächst muss ein Werkstück in die Halterung unter der Bohrmaschine eingelegt werden. Wenn das Werkstück platziert ist, wird der Sensor **B3** aktiviert (er gibt ein **TRUE**-Signal). Wenn der Sensor **B3** aktiviert ist, leuchtet eine kleine LED (Lampe) am Sensor auf und zeigt dem Bediener an, dass das Werkstück richtig positioniert ist und die Bohrmaschine gestartet werden kann.

Stellen Sie in dem SPS-Programm, das Sie für die Bohrmaschine schreiben, sicher, dass die Bohrmaschine nur starten kann, wenn ein Werkstück zu bohren ist. Hierfür können Sie das Signal von Sensor **B3** verwenden.

Bohrmaschine starten

Wenn das Werkstück richtig in der Vorrichtung positioniert ist, sollte der Bediener die Bohrmaschine starten. Dies geschieht, indem er gleichzeitig beide Druckknöpfe **S1** und **S2** betätigt. Beide Drucktasten, **S1** und **S2**, müssen gedrückt werden, damit die Bohrmaschine anläuft. Damit soll sichergestellt werden, dass der Bediener, der die Bohrmaschine bedient, nicht mit den Fingern in die Nähe der Bohrmaschine kommt und sich so beim Bohren in ein Werkstück verletzen kann.

Beim Schreiben Ihres SPS-Programms müssen Sie darauf achten, dass die Bohrmaschine nur starten kann, wenn sowohl von **S1** und **S2** als auch von **B3** ein **TRUE**-Signal anliegt.

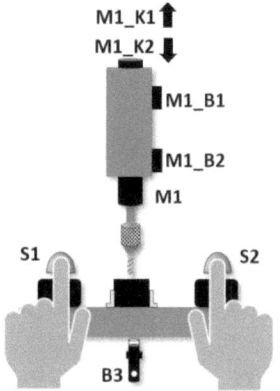

Bohrung

Wenn das Licht im Sensor **M1_B2** leuchtet, ist die Bohrung tief genug, und der Zylinder sollte nun wieder nach oben fahren.

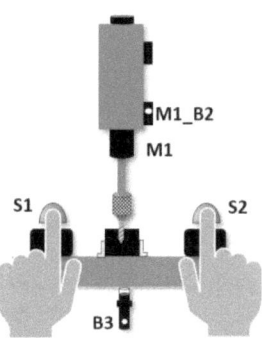

Zum Schluss

Wenn an **M1_K1** ein **TRUE**-Signal anliegt, fährt der Zylinder nach oben. Der Bediener muss weiterhin beide Finger auf den beiden Drucktasten halten. Nimmt der Bediener einen oder beide Finger weg, müssen die Bohrmaschine und die Bewegung des Zylinders sofort anhalten, damit der Bediener nicht verletzt wird.

Bei einem **TRUE**-Signal des Sensors **M1_B1** müssen die Bohrmaschine und der Zylinder die Bewegung stoppen. Der Bediener kann dann das gebohrte Werkstück entfernen und ein neues Werkstück einlegen.

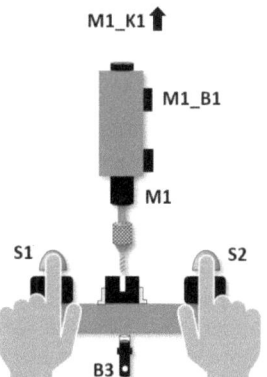

Übung

Schreiben Sie ein SPS-Programm für die Bohrmaschine.

2.17 Palettieren von Kanistern mit einem Roboter

In dieser Übung müssen Sie ein SPS-Programm für ein kleines Robotersystem schreiben, das zwei Kanister auf eine Palette stellt. Unten sehen Sie vier Bilder, die den Prozess zeigen:

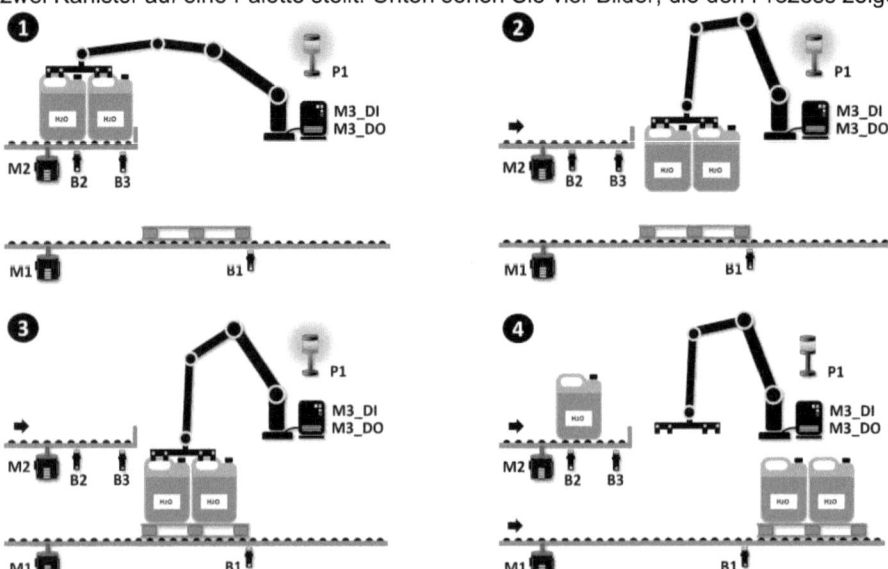

Beschreibung der Bilder

Das erste Bild (1) zeigt, dass der Roboter gerade die beiden Kanister vom oberen Förderband genommen hat. Bild (2) zeigt, dass der Roboter die beiden Kanister nach unten auf die Palette befördert. In Bild (3) hat der Roboter die beiden Kanister gerade auf der Palette abgestellt. Das letzte Bild (4) zeigt, dass die Palette mit den beiden Kanistern auf dem Förderband weggefahren wird, und der Roboter wartet, während ein weiterer Kanister auf das obere Förderband gelangt.

Beschreibung

Erst wenn ein **TRUE**-Signal von den Sensoren **B1**, **B2** und **B3** vorliegt, kann der Roboter seine Arbeit aufnehmen. Der Roboter startet, wenn ein **TRUE**-Signal an **M3_DI** anliegt, das ein digitales Eingangssignal für die Robotersteuerung ist. Wenn der Roboter arbeitet, wird der Ausgang der Robotersteuerung **M3_DO** auf **TRUE** gesetzt. Wenn der Roboter die beiden Kanister auf die Palette gestellt hat und der Roboterarm sich wegbewegt hat, wie in Abbildung (4) gezeigt, wird der digitale Ausgang der Robotersteuerung **M3_DO** auf **FALSE** gesetzt.

Wenn der Roboter in Betrieb ist, muss das SPS-Programm die Lampe P1 einschalten.

Eine neue leere Palette wird vorwärts bewegt, wenn der Motor **M1** ein **TRUE**-Signal erhält. Die Palette muss vorwärts bewegt werden, bis ein **TRUE**-Signal vom Sensor **B1** kommt. Dann ist die Palette richtig platziert, damit der Roboter die beiden Kanister abstellen kann.

Wenn der Roboter die beiden Kanister auf die Palette gestellt hat, wird **M1** auf **TRUE** gesetzt, um die gefüllte Palette wegzufahren.

Übung

Schreiben Sie ein SPS-Programm für das kleine Robotersystem.

2.18 Förderer für Palettenaufnahme (manuell/automatisch)

In dieser Übung müssen Sie ein SPS-Programm für ein Förderband schreiben, an dem mit Waren beladene Paletten von einem Gabelstapler aufgenommen werden können.

Abbildung:

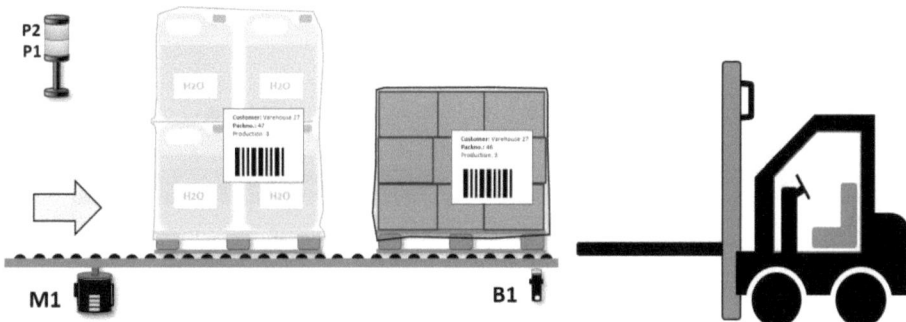

Beschreibung

Das Förderband wird vom Motor **M1** gesteuert.

Eine Lichtsäule mit zwei Lampen, **P1** und **P2**, wird verwendet, um dem Bediener, der im Gabelstapler sitzt, ein Signal zu geben. Wenn die Lampe **P2** eingeschaltet ist, steht eine Palette zur Aufnahme auf das Förderband bereit. Wenn die Lampe **P1** leuchtet, bewegt das Förderband die nächste Palette zum Ende des Förderbandes, wo die Palette abgeholt werden soll. Wenn sich die Palette am Ende des Förderbandes befindet, gibt der Sensor **B1** ein **TRUE**-Signal. Wenn **B1** ein **TRUE**-Signal gibt, sollte das Förderband anhalten. Das Förderband soll weiterlaufen, wenn der Sensor **B1** ein **FALSE**-Signal gibt.

Benutzerinterface

Es gibt eine Benutzerinterface wie unten dargestellt:

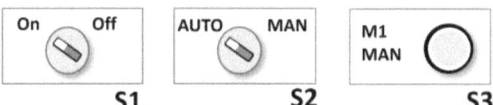

Das Förderband wird mit dem manuellen Drehschalter **S1** in Betrieb genommen.
Der Drehschalter **S2** dient zum Umschalten zwischen Automatikbetrieb und Handbetrieb. Im manuellen Betrieb läuft der Motor **M1** bei Betätigung des Druckschalters **S3**.

Sowohl im automatischen als auch im manuellen Betrieb sollte das Förderband anhalten, wenn der Sensor **B1** ein **TRUE**-Signal liefert.

Übung

Schreiben Sie ein SPS-Programm auf der Grundlage der Beschreibung.

2.19 SPS-Programm für ein Rolltor

Die Aufgabe besteht darin, ein SPS-Programm für ein Rolltor zu schreiben:

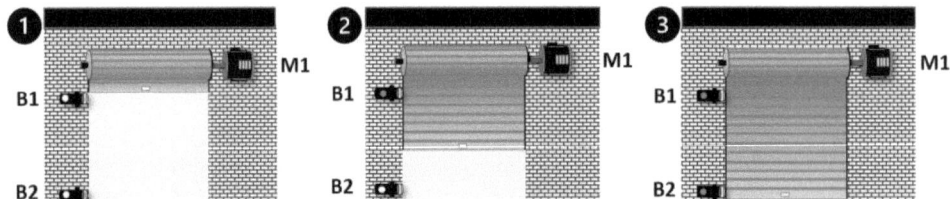

Beschreibung der Abbildungen:

Abbildung	Beschreibung
❶	Zeigt das Rolltor ganz hochgefahren (offen).
❷	Zeigt das Rolltor halb heruntergefahren.
❸	Zeigt das vollständig heruntergelassene (geschlossene) Rolltor.

Beschreibung

Das Rolltor wird von einem Motor **M1** bewegt, der das Rolltor hoch- und runterfahren kann.

Der Motor wird durch zwei digitale Signale von der SPS gesteuert:

M1Run schaltet den Motor mit einem **TRUE**-Signal ein, und

M1Direction steuert die Motorrichtung.

Wenn **M1Direction TRUE** ist, fährt der Rollladen nach oben, und wenn **M1Direction FALSE** ist, fährt der Rollladen nach unten. Um zu verhindern, dass der Rollladen zu weit nach unten fährt, ist ein Sensor **B2** installiert, der ein **FALSE**-Signal sendet, wenn der Rollladen nicht weiter nach unten fahren soll. Der Motor **M1** muss anhalten, wenn ein **FALSE**-Signal von **B2** empfangen wird.

Um zu verhindern, dass der Rollladen zu weit hochfährt, ist ein Sensor **B1** installiert, der ein **FALSE**-Signal sendet, wenn der Rollladen nicht weiter nach oben fahren soll. Der Motor **M1** sollte anhalten, wenn ein **FALSE**-Signal vom Sensor **B1** empfangen wird.

Die beiden Sensoren **B1** und **B2** sind normalerweise geschlossene Sensoren (NC). Das bedeutet, dass sich der Rollladen nicht zu weit nach unten oder oben bewegt, wenn ein Sensor oder Sensorkabel unterbrochen ist.

Bedienfeld

Der Rollladen verfügt über dieses Bedienfeld:

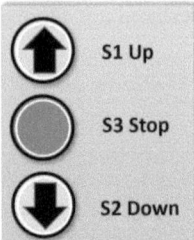

Durch Drücken von **S1** wird der Rollladen nach oben gefahren.

Durch Drücken von **S3** wird die Bewegung des Rollladens sofort gestoppt. Nach dem Drücken von **S3** kann der Rollladen mit **S1** oder **S2** nach oben oder unten gefahren werden.

Durch Drücken von **S2** wird der Rollladen abgesenkt (nach unten gefahren).

Übung

Schreiben Sie ein SPS-Programm für das Rolltor.

2.20 Flasche auf dem Förderband

In dieser Übung sollen Sie ein SPS-Programm schreiben, das eine Flasche auf einem Förderband hin- und herbewegen kann.

Der Aufbau besteht aus einem Bedienfeld mit einem Druckknopf **S1**, einem Motor **M1** und zwei Sensoren **B1** und **B2**. Die beiden Sensoren sind an beiden Enden des Förderbandes angebracht.

Der Motor **M1** treibt das Förderband an.

Die Drucktaste **S1** ist ein Schließer (NO).

Die folgenden Bilder zeigen den Vorgang, bei dem sich die Flasche vor und zurück bewegt:

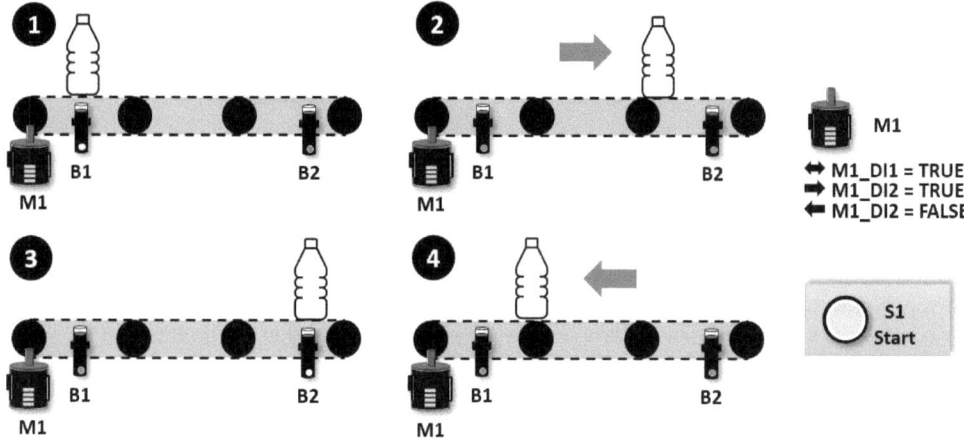

Beschreibung

Die Sensoren geben ein **TRUE**-Signal, wenn sich die Flasche direkt über dem Sensor befindet.

Der Motor **M1** wird durch zwei digitale Eingangssignale gesteuert: **M1_DI1** und **M1_DI2**.

Wenn das Signal **M1_DI TRUE** ist, ist der Motor in Betrieb und das Förderband bewegt sich.

Mit dem Digitalsignal **M1_DI2** kann der Motor die Drehrichtung ändern. Wenn **M1_DI2** auf **TRUE** gesetzt ist, bewegt sich die Flasche nach rechts, und wenn das Signal auf **FALSE** gesetzt ist, bewegt sich die Flasche nach links.

Beschreibung der Abbildungen:

Abbildung	Beschreibung
❶	Hier wird die Flasche direkt über dem Sensor **B1** platziert, und der Druckknopf **S1** kann gedrückt werden, um das Programm zu starten.
❷	Hier ist das Programm gestartet, und die Flasche bewegt sich nach rechts.
❸	Hier hat die Flasche den Sensor **B2** erreicht, was daran zu erkennen ist, dass Sensor **B2** ein **TRUE**-Signal liefert. Jetzt muss das Förderband in die entgegengesetzte Richtung laufen.
❹	Hier befindet sich die Flasche auf ihrem Rückweg. Wenn die Flasche zum Sensor **B1** zurückkehrt, sollte das Förderband anhalten.

Übung

Schreiben Sie ein SPS-Programm auf der Basis der Beschreibung.

2.21 Produktionslinie mit Kanistern (manuell/automatisch)

In dieser Übung müssen Sie ein SPS-Programm für eine Produktionslinie für Kanister schreiben:

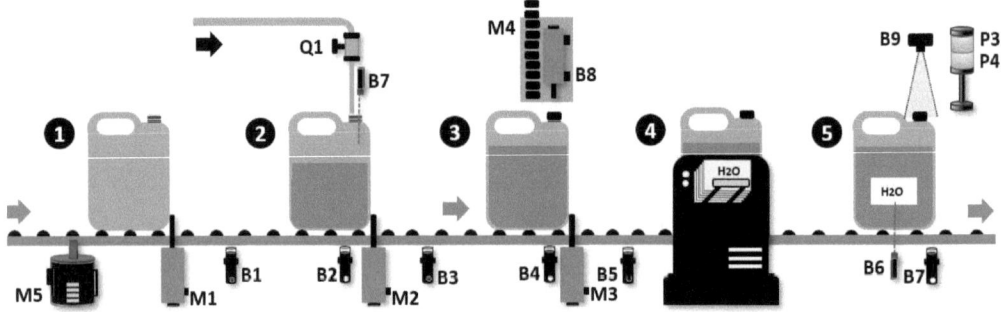

Beschreibung

Kanister wird mit Flüssigkeit gefüllt (2). Ein Deckel wird auf den Kanister gesetzt (3) und ein Etikett wird auf dem Kanister angebracht (4). Dann wird der Kanister kontrolliert (5).

Förderband

Das Förderband ist in Betrieb, wenn der Motor **M5** ein **TRUE**-Signal erhält, und hält an, wenn **M5** ein **FALSE**-Signal erhält.

Warteposition für leeren Kanister (1)

Der nächste zu füllende Kanister wartet vor dem Zylinder **M1**. Um den leeren Kanister passieren zu lassen, muss Zylinder **M1** ein **TRUE**-Signal erhalten, wodurch der Zylinder nach unten fährt. Bei einer fallenden Flanke (**TRUE** zu **FALSE**) von Sensor **B1** sollte sich Zylinder **M1** nach oben bewegen.

Befüllung mit Flüssigkeit (2)

Der Zylinder **M2** muss nach oben zeigen, damit der Kanister korrekt unter dem Füllstutzen positioniert werden kann. Es muss ein **TRUE**-Signal von Sensor **B2** vorliegen, damit Flüssigkeit in den Kanister gefüllt werden kann. Zylinder **M2** ist oben, wenn **M2** ein **FALSE**-Signal erhält. Flüssigkeit wird in den Kanister eingefüllt, wenn das Ventil **Q1** (elektrisches Wasserventil) ein **TRUE**-Signal empfängt. Das Einfüllen der Flüssigkeit sollte fortgesetzt werden, bis der Sensor **B7** ein **TRUE**-Signal gibt.

Wenn der Kanister gefüllt ist, sollte Zylinder **M2** ein **TRUE**-Signal erhalten, damit der Zylinder nach unten fährt und der Kanister weiterfahren kann. Bei einer fallenden Flanke von Sensor **B3** ist der Kanister weitergefahren, und **M2** sollte ein **FALSE**-Signal erhalten, um nach oben zu fahren.

Maschine zum Verschließen (3)

Zylinder **M3** sollte oben sein, und sobald ein **TRUE**-Signal von Sensor **B4** vorliegt, ist der Kanister in der richtigen Position, um einen Deckel aufzunehmen. Der Deckel wird aufgesetzt, indem **M4** auf **FALSE** gesetzt wird. Der Deckel ist gesichert und auf dem Kanister verriegelt, wenn **B8** ein **FALSE**-Signal gibt. Dann sollte der Zylinder **M3** auf **TRUE** gesetzt werden, damit er sich nach unten bewegt und der Kanister passieren kann.
Bei einer fallenden Flanke von Sensor **B5** hat der Kanister den Zylinder passiert, und Zylinder **M3** sollte auf **FALSE** gesetzt werden, um den Zylinder wieder nach oben zu bewegen.

Etikettiermaschine (4)
Die Maschine, die die Etiketten auf die Kanister aufbringt, ist eine eigenständige Etikettiermaschine mit eigener SPS-Steuerung. Die Maschine prüft selbständig, ob der Kanister richtig positioniert ist, um ein Etikett aufzunehmen. Es gibt keine Verbindung oder Kommunikation zwischen der Etikettiermaschine und dem SPS-Programm, das Sie schreiben.

Kontrolle von Verschlüssen und Etiketten (5)
Wenn der Sensor **B7** ein **TRUE**-Signal empfängt, ist der Kanister bereit für die Inspektion. Der Kanister gilt als "OK", wenn die folgenden Bedingungen erfüllt sind:
- Wenn es ein **TRUE**-Signal von der Vision-Kamera **B9** gibt.
- Der Sensor **B6** gibt ein **TRUE**-Signal, wenn der Kanister ein Etikett hat.

Wenn der Kanister "OK" ist, muss die Lampe **P3** auf **TRUE** gesetzt werden. Wenn der Kanister nicht "OK" ist, muss die Lampe **P4** auf **TRUE** gesetzt werden, um den Bediener darauf hinzuweisen, dass der Kanister vom Förderband entfernt werden muss.

Bedienfeld (HMI)
Die Produktionslinie ist mit folgendem Bedienfeld ausgestattet:

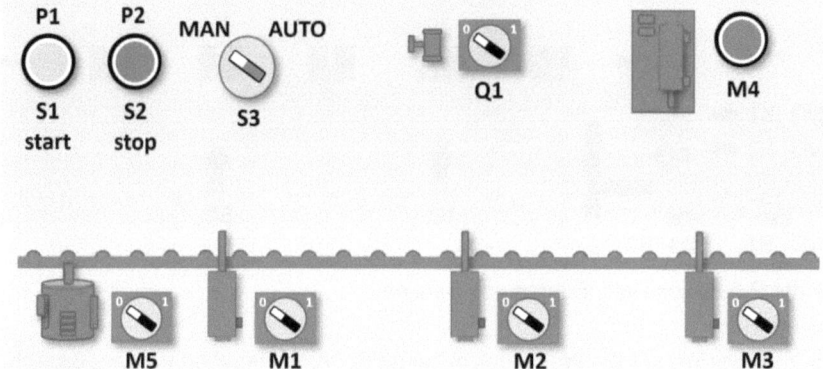

Start und Stopp
Der Druckknopf **S1** startet die Produktionslinie und schaltet die Tastenleuchte mit der Bezeichnung **P1** ein.
Der Druckknopf **S2** stoppt die Produktionslinie und schaltet die Kontrollleuchte mit der Bezeichnung **P2** ein.
Der Drehschalter **S3** dient zum Umschalten zwischen Automatikbetrieb und Handbetrieb.

Automatik Betrieb
Die Produktionsanlage füllt, wie bereits beschrieben, automatisch Flüssigkeit in Kanister ab.

Manuelle Bedienung
Die Komponenten können einzeln mit einem Drehschalter oder einem Druckknopf aktiviert werden.

Übung
Schreiben Sie ein SPS-Programm für die Produktionslinie.

2.22 Produktionslinie mit zwei Bohrmaschinen

In dieser Übung müssen Sie ein SPS-Programm für eine kleine Produktionslinie mit zwei Bohrmaschinen, **M1** und **M2**, entwickeln:

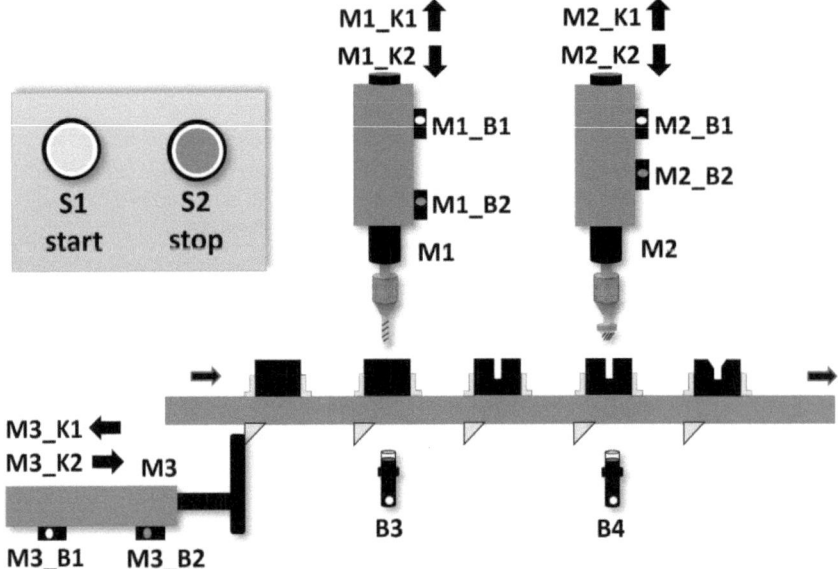

Aufgabe der Produktionslinie: Bohren und Senken.

Beschreibung

In der Produktionslinie soll ein Werkstück mit einer Bohrung versehen werden, danach soll eine Senkung angebracht werden.

Die zu bohrenden Werkstücke werden auf eine Metallplatte geklemmt, um Stabilität beim Bohren und Senken zu gewährleisten. Die Metallplatte wird mit dem Zylinder **M3** nach rechts geschoben. Wenn an **M3_K2** ein **TRUE**-Signal anliegt, schiebt der Motor im Zylinder die Metallplatte nach rechts, wodurch die Werkstücke weiter vorgeschoben werden. Danach sollte an **M3_K1** ein **TRUE**-Signal anliegen, um den Zylinder für den nächsten Schub zurückzufahren.

Am Zylinder befinden sich zwei Rückmeldesensoren (Reed-Kontakte):

> **M3_B1** gibt ein **TRUE**-Signal, wenn der Zylinder **M3** ganz nach links gedreht ist (siehe Abbildung).

> **M3_B2** gibt ein **TRUE**-Signal, wenn der Zylinder **M3** ganz nach rechts steht.

Das **TRUE**-Signal an **M3_K1** sollte auf **FALSE** gesetzt werden, wenn ein **TRUE**-Signal vom Sensor **M3_B1** empfangen wird, da sich der Zylinder nicht weiter nach links bewegen kann und es zu Fehlfunktionen kommen kann, wenn das **TRUE**-Signal noch an **M3_K1** anliegt.

In ähnlicher Weise sollte das Signal **TRUE** an **M3_K2** auf **FALSE** gesetzt werden, wenn sich der Zylinder ganz rechts befindet und ein Signal **TRUE** von **M3_B2** empfangen wird.
Es sollte nicht gleichzeitig ein **TRUE**-Signal an **M3_K1** und **M3_K2** anliegen.

Die Bohrmaschinen
Die beiden Bohrmaschinen arbeiten auf dieselbe Weise:

Die Bohrmaschine **M1** kann starten, wenn ein **TRUE**-Signal von Sensor **B3** vorliegt. Die Bohrmaschine arbeitet, wenn ein **TRUE**-Signal an **M1** anliegt. Wenn an **M1_K2** ein **TRUE**-Signal anliegt, fährt der Zylinder die Bohrmaschine nach unten, so dass das Werkstück mit einer Bohrung versehen werden kann. Wenn ein TRUE-Signal vom Sensor **M1_B2** empfangen wird, beginnt die Maschine zu bohren. Danach muss das Signal an **M1_K2** auf **FALSE** gesetzt werden, damit die Bohrmaschine nicht weiter abgesenkt werden kann. Danach muss ein **TRUE**-Signal an **M1_K1** gesetzt werden, um die Bohrmaschine anzuheben.

Die Bohrmaschine **M2** kann starten, wenn ein **TRUE**-Signal von Sensor **B4** vorliegt. Die Bohrmaschine arbeitet, wenn ein **TRUE**-Signal an **M2** anliegt. Wenn ein **TRUE**-Signal an **M2_K2** anliegt, fährt der Zylinder die Bohrmaschine nach unten, so dass die Bohrung gesenkt werden kann. Danach muss das Signal an **M2_K2** auf **FALSE** gesetzt werden, um ein weiteres Absenken der Bohrmaschine zu verhindern. Danach muss ein **TRUE**-Signal an **M2_K1** gesetzt werden, um die Bohrmaschine anzuheben.

Wenn beide Bohrmaschinen fertig gebohrt haben, sollte die Metallplatte nach links geschoben werden, um sie für neue Werkstücke vorzubereiten.

Es ist zu beachten, dass beide Bohrmaschinen nicht gleich lange arbeiten, da das Anbringen der Bohrung mehr Zeit benötigt als das Senken. Die Tiefe, auf die sich die Bohrmaschinen absenken sollen, wird über die Sensoren **M1_B2** und **M2_B2** eingestellt, die an der Seite des Zylinders nach oben oder unten bewegt werden können. Eine Bohrmaschine kann stehen bleiben, während die andere in Betrieb ist. Dies ist typischerweise beim Anfahren der Fall, wenn **M2** noch kein Werkstück erhalten hat, während **M1** bereits in ein Werkstück bohrt.

Bediener-Panel
Wie auf dem Bild zu sehen ist, gibt es ein kleines Bedienfeld mit einem Startschalter **S1** und einem Stoppschalter **S2**. Damit kann der Bediener den Betrieb der Produktionslinie starten und stoppen. Sowohl **S1** als auch **S2** sind Drucktastenschalter mit Federkraftrückstellung. **S1** ist ein Öffner (NC) und **S2** ein Schließer (NO). Wenn der Startschalter **S1** aktiviert (gedrückt) wird, sollte die Produktionslinie starten. Wenn der Stoppschalter **S2** aktiviert wird, sollten beide Bohrmaschinen stoppen und alle drei Zylinder sollten in die Startposition zurückkehren. Ein Zylinder befindet sich in der Startposition, wenn der Sensor **B1** ein **FALSE**-Signal liefert, wie in der Abbildung dargestellt.

Übung
Schreiben Sie ein SPS-Programm auf der Grundlage der Beschreibung.

2.23 Sortierung der Pakete nach Größe

In dieser Übung müssen Sie ein SPS-Programm für eine kleine Anlage schreiben, die Pakete auf drei verschiedene Förderbänder sortieren kann.

Darstellung des Systems:

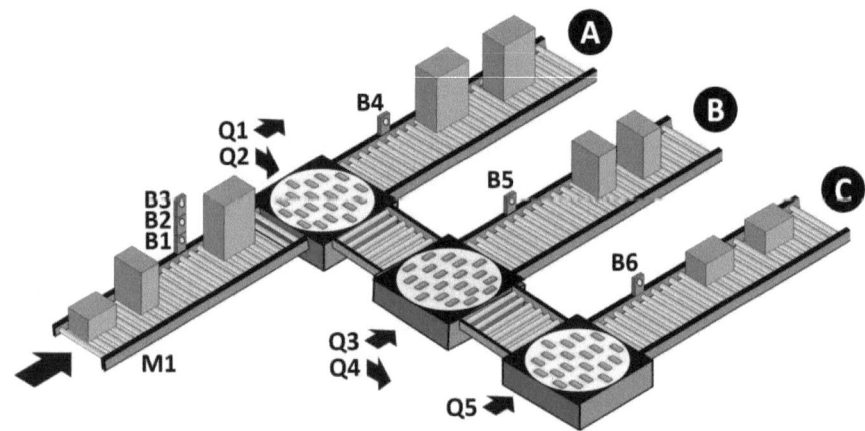

Beschreibung

Die Pakete kommen auf das Förderband **M1**. Es gibt drei verschiedene Größen von Paketen. Die großen Pakete sollten auf das Förderband **A**, die mittelgroßen Pakete auf das Förderband **B** und die kleinen Pakete auf das Förderband **C** gelangen.

Die Packstücke gelangen mit großem Abstand auf das Förderband **M1**, und alle Förderbänder arbeiten (laufen) kontinuierlich.

Die Sensoren **B1**, **B2** und **B3** werden verwendet, um die Größe des Pakets zu bestimmen. Wenn alle drei Sensoren **B1**, **B2** und **B3** ein **TRUE**-Signal liefern, bedeutet dies, dass es sich um ein großes Paket handelt.

Das System verfügt über drei Drehtisch-Förderer mit kleinen Rollen, die ein Paket gerade oder zur Seite befördern können. Die Drehtisch-Förderer werden von der SPS mit einem digitalen Signal **Q** gesteuert. Das bedeutet, dass, wenn zum Beispiel ein **TRUE**-Signal auf **Q1** gesetzt wird, die großen Pakete auf das Förderband **A** geschickt werden, wie in der Abbildung gezeigt. Wenn an **Q2** ein **TRUE**-Signal anliegt, wird das Paket zur Seite befördert. Es sollte nicht gleichzeitig ein **TRUE**-Signal an **Q1** und **Q2** anliegen. Die Förderbänder **Q3** und **Q4** funktionieren auf die gleiche Weise wie das Förderband **Q1**.

Wenn an **B4**, **B5** oder **B6** ein **TRUE**-Signal anliegt, wurde das Paket auf dem richtigen Förderband empfangen, und das System ist bereit für ein neues Paket.

Übung

Schreiben Sie ein SPS-Programm auf der Grundlage der Beschreibung.

2.24 Roboter und CNC-Maschine gesteuert durch eine SPS

In dieser Übung müssen Sie ein SPS-Programm für ein kleines Maschinensystem entwickeln, das Werkstücke aus Metall bearbeiten kann.

Das System besteht aus zwei Förderbändern, einem Roboter und einer CNC-Maschine:

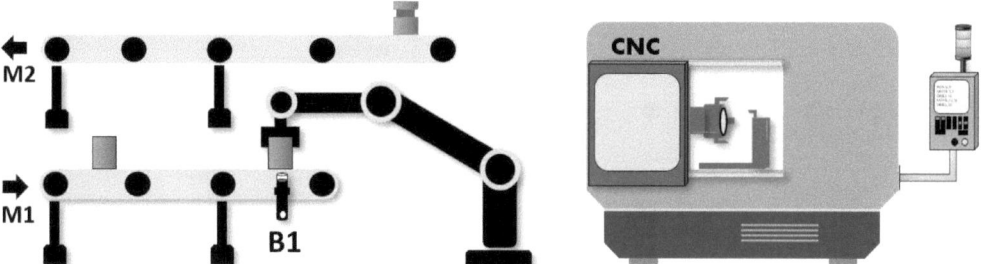

Beschreibung

Die zu bearbeitenden Werkstücke kommen auf einem Förderband **M1**. Der Roboter nimmt das Werkstück vom Förderband **M1** auf und legt es in die CNC-Maschine ein. Sobald das Werkstück in der CNC-Maschine bearbeitet wurde, entnimmt der Roboter das Werkstück aus der CNC-Maschine und legt es auf das Förderband **M2**.

SPS-Steuerung

Es ist eine SPS, die das gesamte Maschinensystem steuert und bestimmt, wann die CNC-Maschine und der Roboter starten und stoppen sollen. Das bedeutet, dass es elektrische Verbindungen von der SPS sowohl zur CNC-Maschine als auch zur Robotersteuerung geben sollte, damit die SPS die CNC-Maschine und den Roboter starten und ein Signal zurückerhalten kann, wenn sie fertig sind.

Die Kabelanschlüsse sind in der nachstehenden Abbildung dargestellt:

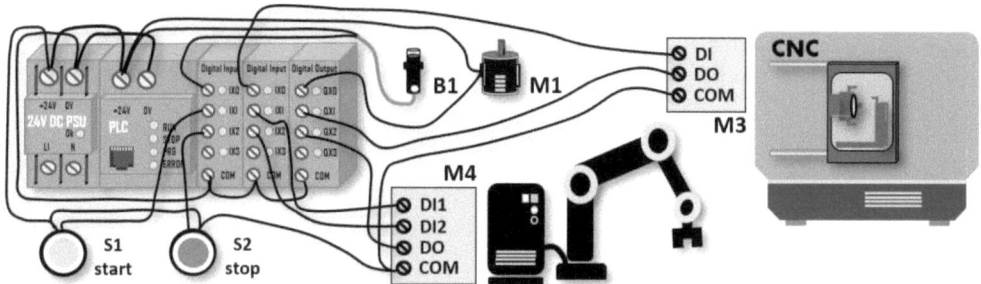

Der Motor **M1** wird zum Antrieb des Förderbandes **M1** verwendet.

Wenn der Sensor **B1** ein **TRUE**-Signal liefert, muss das Förderband anhalten, damit der Roboter das Werkstück von der Stelle auf dem Förderband nehmen kann.

Das Förderband **M2** läuft kontinuierlich.

Nachstehend finden Sie Abbildungen des Prozesses:

Zunächst nimmt der Roboter ein neues Werkstück vom Förderband **M1** auf:

Anschließend legt der Roboter das Werkstück in die CNC-Maschine ein:

Nun bearbeitet die CNC-Maschine das Werkstück, während der Roboter wartet:

Der Roboter entnimmt nun das fertige Werkstück aus der CNC-Maschine:

Schließlich legt der Roboter das Werkstück auf das Förderband **M2**:

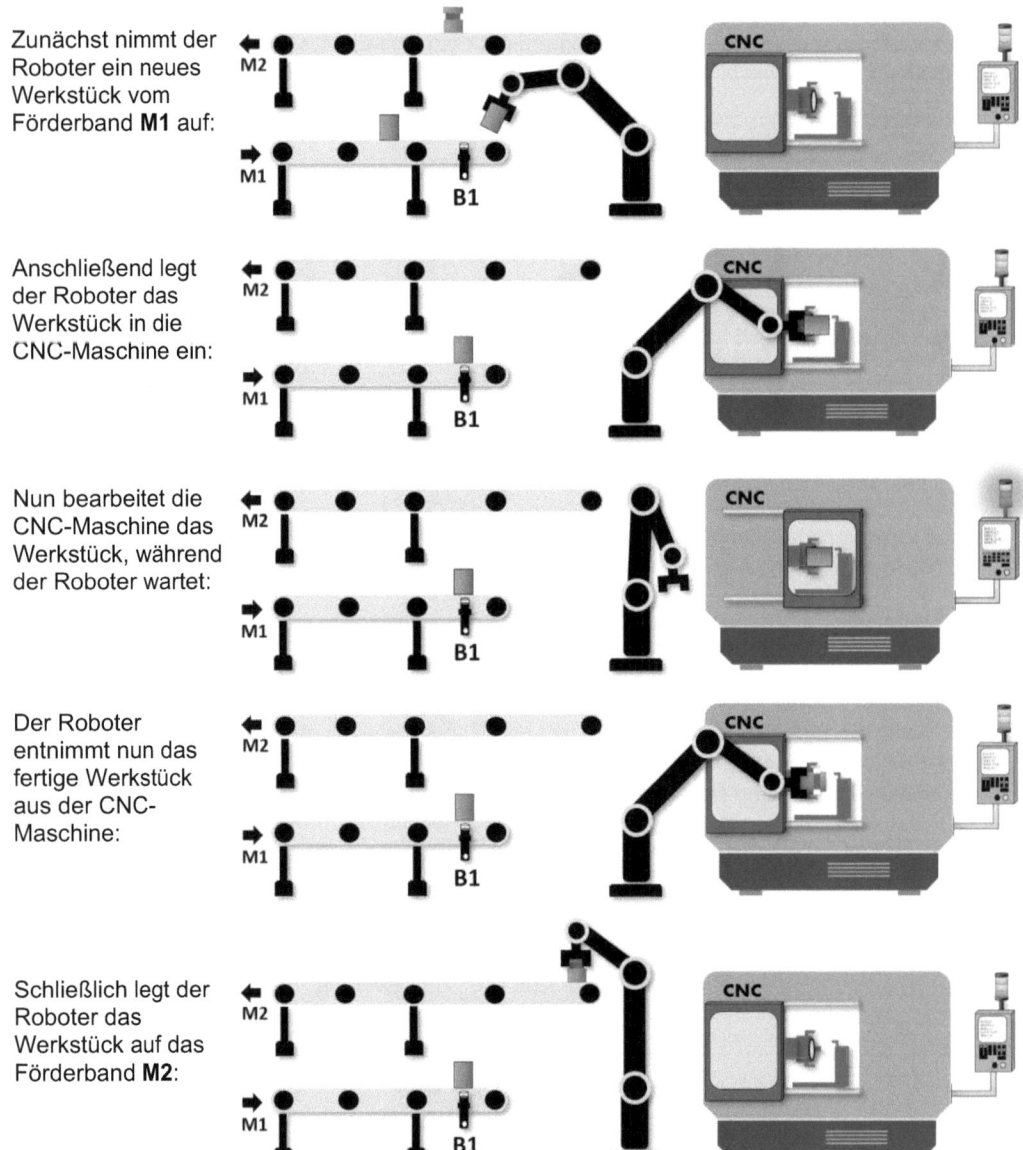

Und der gesamte Arbeitsvorgang wird für das nächste Werkstück wiederholt.

Benutzer-Bedienpult

Die Maschine wird mit dem manuellen Taster **S1** gestartet und mit **S2** gestoppt.

S1 ist ein Öffnerkontakt (NC) und **S2** ein Schließerkontakt (NO).

Wenn die Stopptaste **S2** gedrückt wird, werden die Arbeiten fortgesetzt, und die Aufgabe ist abgeschlossen (die gesamte Abfolge ist beendet). Das heißt, das System hält erst an, wenn ein bearbeitetes Werkstück auf das Förderband **M2** gelegt wird.

Die CNC-Maschine

Die CNC-Maschine ist so konfiguriert (programmiert), dass sie über ein externes Digitalsignal **M3_D1** gestartet wird. Die CNC-Maschine startet, wenn das digitale Signal von **FALSE** auf **TRUE** (positive Flanke) wechselt. Wenn die CNC-Maschine die Bearbeitung eines Werkstücks beendet, wird der digitale Ausgang der CNC-Maschine **M3_DO** von **TRUE** auf **FALSE** gesetzt.

Robotensteuerung

Die Robotersteuerung **M4** steuert den Roboter, in der Robotersteuerung gibt es zwei Roboterprogramme.

Die beiden Programme können durch externe digitale Signale von der SPS gestartet werden:

Programm 1: Transport des Werkstücks vom Förderband **M1** zur CNC-Maschine. Das Programm startet, wenn das Signal an **M4_DI1** von **FALSE** auf **TRUE** wechselt.

Programm 2: Transport des Werkstücks von der CNC-Maschine zum Förderband **M2**. Das Programm startet, wenn das Signal an **M4_DI2** von **FALSE** auf **TRUE** wechselt.

Wenn der Roboter mit der Bewegung eines Werkstücks beschäftigt ist, wird das Signal am externen Ausgang der Robotersteuerung **M4_DO** auf **TRUE** gesetzt. Der Roboter beendet seine Aufgabe, wenn das Signal am Ausgang **M4_DO** von **TRUE** auf **FALSE** übergeht.

Übung

Schreiben Sie ein SPS-Programm für die Einrichtung der kleinen Maschine.

2.25 Schalten Sie das Licht mit einem Kippschalter ein

Bei dieser Übung werden ein Drucktastenschalter **S1** und eine Lampe **P1** an eine SPS angeschlossen:

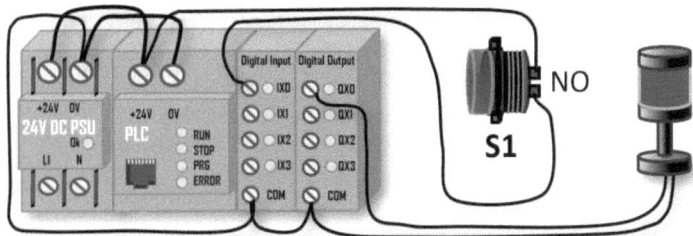

Der Druckknopf **S1** ist ein Schließer mit Federrückstellung.

Schreiben Sie ein Programm, das wie folgt funktioniert:

Wenn Sie **S1** drücken, sollte die Lampe aufleuchten, und wenn Sie erneut **S1** drücken, sollte die Lampe wieder erlöschen.

Dadurch ist es möglich, die Lampe mit nur einem einzigen Druckknopf ein- und auszuschalten.

3 Programmierung der Sicherheits-SPS

Dieses Kapitel enthält Übungen, die in einer sicherheitsrelevanten programmiert werden können.

3.1 Sicherheits-Lichtgitter und Palette

In dieser Übung müssen Sie einen SPS-Programmcode entwickeln und schreiben, der einen Sicherheits-Lichtgittervorhang aus- und einschalten kann. Ein Lichtvorhang wird auch als Lichtgitter bezeichnet.

Die Anlage besteht aus einem Förderband, mit dem Paletten mit Paketen in einen geschlossenen Bereich transportiert werden, zu dem Menschen keinen Zugang haben. Der Bereich hat eine Öffnung, durch die die Paletten eintreten, und diese Öffnung wird durch einen Lichtvorhang überwacht.

Der Sicherheitslichtvorhang sorgt dafür, dass die Öffnung durch Lichtstrahlen überwacht wird, und wenn die Lichtstrahlen unterbrochen werden, müssen die Maschinen im geschlossenen Bereich anhalten.

Der Lichtvorhang sollte ausgeschaltet werden, wenn eine Palette eintrifft.

Bilder des Prozesses:

Dieses Bild zeigt eine Palette auf ihrem Weg in den geschlossenen Bereich.

Auf diesem Bild ist der Lichtvorhang ausgeschaltet, und die Palette fährt in den geschlossenen Bereich.

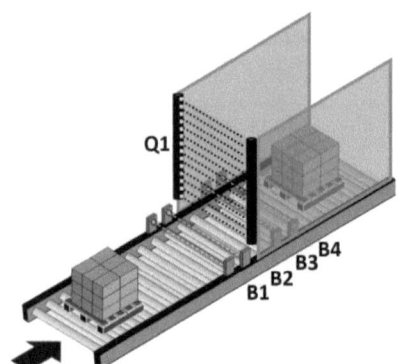
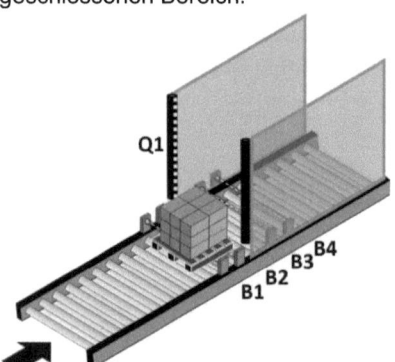

Wie auf den Bildern zu sehen ist, sind vier Sensoren angebracht, mit denen das Vorhandensein einer Palette erkannt werden kann. Die Signale der Sensoren werden verwendet, um den Lichtvorhang nach den folgenden Regeln aus- und einzuschalten:

1) Der Lichtvorhang muss sich ausschalten (Muting), wenn sowohl **B1** als auch **B2** aktiviert sind.
2) Der Lichtvorhang muss sich einschalten (stummschalten), wenn sowohl **B3** als auch **B4** deaktiviert sind.
3) Der Lichtvorhang **Q1** ist eingeschaltet, wenn er ein **TRUE**-Signal erhält.

Bei dieser Übung läuft das Förderband ständig.

Übung
Schreiben Sie ein SPS-Programm zur Steuerung des Lichtvorhangs.

3.2   Roboterzelle mit Sicherheits-SPS

Für diese Übung benötigen Sie eine Roboterzelle wie unten abgebildet:

Die Roboterzelle hat drei Förderbänder, die dem Roboter Pakete zuführen. Der Roboter stellt die Pakete auf eine Palette. Wenn die Palette voll ist, wird sie mit einem Förderband **M2** aus der Roboterzelle herausgefahren.

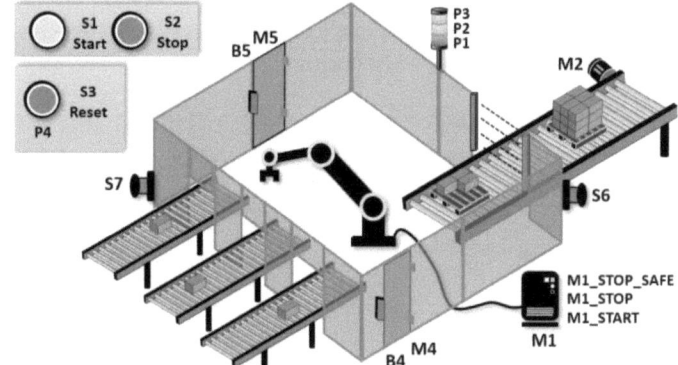

Der Roboter wird von einer Robotersteuerung **M1** gesteuert, die über drei digitale Eingangssignale verfügt. Die Robotersteuerung wird von einer Sicherheits-SPS gesteuert.

Die folgenden Komponenten sind enthalten:

Name	Zweck und Arbeitsweise
M1	Roboter. Sollte anhalten, wenn **S2** oder die Not-Aus-Taste gedrückt wird.
M1_START	Eingangssignal. Roboterprogramm starten. Darf nicht anlaufen, wenn der Notstopp aktiviert ist.
M1_STOP	Eingangssignal. (Normalerweise **TRUE**). Roboterprogramm stoppen, wenn Signal **FALSE**.
M1_STOP_SAFE	Eingangssignal. Sollte im Normalbetrieb **TRUE** sein. Wird auf **FALSE** gesetzt, wenn die Not-Aus-Taste gedrückt wird.
M2	Motor für Palettentransport: Der Motor läuft, wenn das Signal **TRUE** ist. Der Motor muss anhalten, wenn **S2** oder die Not-Aus-Taste gedrückt wird.
M4, M5	Verriegelung der Sicherheitstür: Bei **FALSE**-Signal muss die Tür der Schutzkabine verriegelt werden. Tür darf nur geöffnet werden, wenn **S2** oder Not-Aus gedrückt wird.
S1	Roboter starten: **M1_START** auf **TRUE** setzen. Darf nicht starten, wenn das Licht an **P4** leuchtet.
S2	Roboter anhalten. **M1_STOP** auf **FALSE** setzen.
S3	Rückstellung der Not-Aus-Aktivierung: Licht am Lampenkontakt **P4** zeigt an, dass **S3** gedrückt werden muss.
S6, S7	Not-Aus-Tasten: Falls aktiviert, setzen Sie **M1_STOP_SAFE** auf **FALSE**.
B4, B5	Der Türkontakt gibt ein **FALSE**-Signal bei offener Schutzkabinentür aus.
P1	Leuchtet auf, wenn der Not-Aus-Kontakt aktiviert ist
P2	Leuchtet bei normalem Vorgang. Die Roboterzelle ist in Betrieb.
P3	Leuchtet auf, wenn **S2** gedrückt wird. Ausschalten, wenn **S1** gedrückt wird.
P4	Leuchtet auf, wenn der Notstopp aktiviert ist. Die Lampe sollte erlöschen, wenn der Notstopp zurückgesetzt wird.

Übung
Erstellen Sie ein SPS-Programm für eine Sicherheits-SPS in einer Roboterzelle.

4 Übungen mit Logik und Zählern

Dieses Kapitel enthält Übungen, die mit Logik und Zählern programmiert werden können. Die Übungen werden im Laufe des Kapitels Schritt für Schritt schwieriger, und am Ende des Kapitels gibt es Übungen mit Encodern.

4.1 Lampe einschalten nach fünfmaligem Tastendruck

In dieser Übung werden ein Drucktaster **S1** und eine Lampe **P1** an eine SPS angeschlossen:

Schreiben Sie ein SPS-Programm, bei dem die Lampe **P1** nach fünfmaligem Drücken des Druckknopfs **S1** eingeschaltet wird.

4.2 Ein- und Ausschalten der Lampe

In dieser Übung werden zwei Drucktaster und eine Lampe an eine SPS angeschlossen:

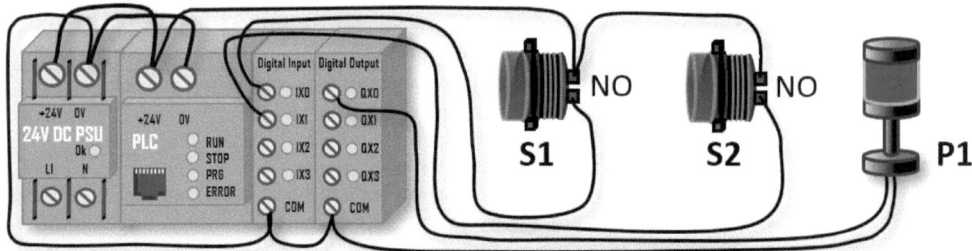

Schreiben Sie ein SPS-Programm, das die folgenden Anforderungen erfüllt:

- Erstellen Sie einen Zähler, der zählt, wie oft **S1** gedrückt wurde.
- Wenn **S1** viermal gedrückt wurde, sollte die Lampe **P1** aufleuchten.
- Wenn **S2** gedrückt wird, Zähler zurücksetzen und Lampe **P1** ausschalten.

4.3 Lampe ein-/ausschalten bei Tastendruck

In dieser Übung werden ein Drucktaster **S1** und eine Lampe **P1** an eine SPS angeschlossen:

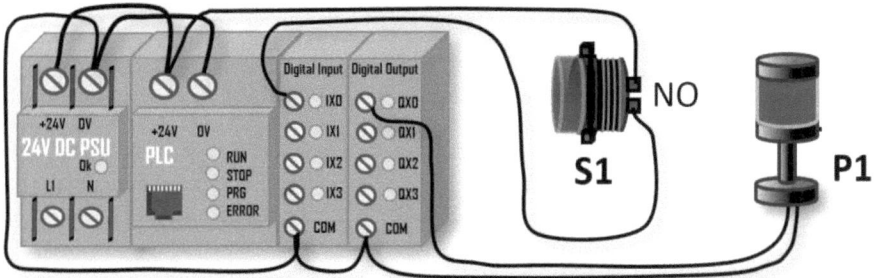

Schreiben Sie ein SPS-Programm, das wie folgt funktioniert:

Die Lampe **P1** schaltet sich ein, nachdem sie fünfmal auf **S1** gedrückt wurde, und schaltet sich nach weiteren fünf Betätigungen von **S1** wieder aus.

Der Vorgang wiederholt sich, das heißt: Nach fünfmaligem Drücken von **S1** schaltet sich die Lampe **P1** ein, und nach fünf weiteren Drücken von **S1** schaltet sich die Lampe **P1** aus.

4.4 Wechseln der Lampe im Signalturm

In dieser Übung werden ein Drucktaster **S1** und ein Signalturm an eine SPS angeschlossen:

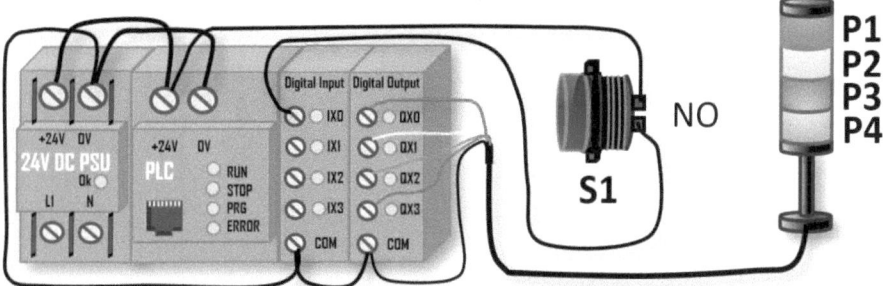

Schreiben Sie ein SPS-Programm mit folgendem Programmablauf:

Wenn die SPS eingeschaltet wird, sollten im Signalturm keine Lichter aufleuchten.

Wenn **S1** zum ersten Mal gedrückt wird, sollte die Lampe **P1** aufleuchten. Wenn **S1** erneut gedrückt wird, sollte die nächste Lampe leuchten. Das bedeutet, dass die beiden Lampen **P1** und **P2** leuchten. Durch erneutes Drücken von **S1** werden die Lampen **P1**, **P2** und **P3** eingeschaltet. Wenn **S1** zum letzten Mal gedrückt wird, sollten alle vier Lampen eingeschaltet sein. Durch erneutes Drücken von **S1** werden alle Lampen ausgeschaltet. Die gesamte Sequenz sollte dann von vorne beginnen.

4.5 Einschalten der Lampe mit zwei Drucktasten

In dieser Übung werden zwei Drucktaster und eine Lampe an eine SPS angeschlossen:

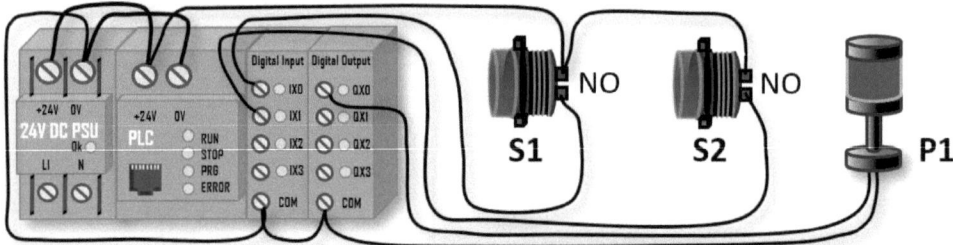

Schreiben Sie ein SPS-Programm, das die folgenden Anforderungen erfüllt:
- Wenn **S1** viermal und **S2** fünfmal gedrückt werden, soll **P1** eingeschaltet werden.
- Die Leuchte darf sich nicht einschalten, wenn entweder **S1** oder **S2** neunmal gedrückt wird.
- Wenn **S1** und **S2** gleichzeitig gedrückt werden, muss der Zähler zurückgesetzt werden.

4.6 Lampe einschalten nach mehrfachem Tastendruck

In dieser Übung werden zwei Drucktaster und eine Leuchte an eine SPS angeschlossen:

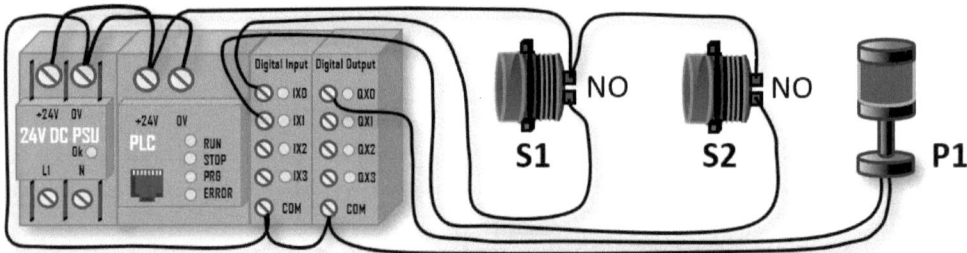

Schreiben Sie ein SPS-Programm, das die folgenden Anforderungen erfüllt:
- Wenn **S1** viermal gedrückt wird, gefolgt von dreimaligem Drücken von **S2**, sollte sich **P1** einschalten.
- Wenn **S1** und **S2** gleichzeitig gedrückt werden, muss der Zähler zurückgesetzt werden, und die Leuchte **P1** erlischt.

Die Lampe darf sich nicht einschalten, wenn:
- Entweder **S1** oder **S2** wird siebenmal gedrückt.
- Zuerst wird die Taste **S2** dreimal gedrückt, dann viermal die Taste **S1**.

4.7 SPS-Programm zur Steuerung eines Parkhauses

In dieser Übung geht es um die Entwicklung eines SPS-Programms zur Steuerung der Zufahrt zu einem Parkhaus.

Unten sehen Sie eine Zeichnung des Parkhausbereichs:

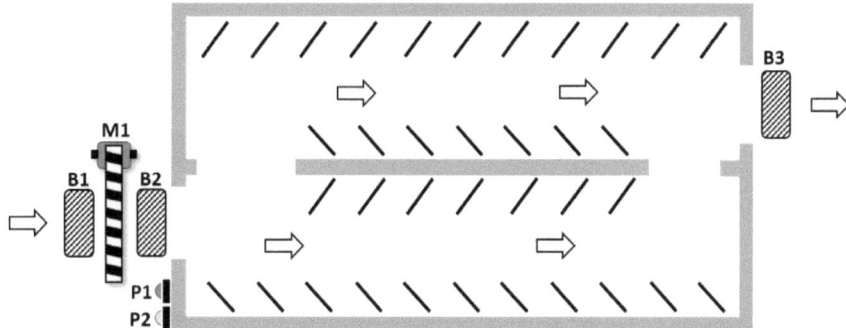

Vor dem Eingang befindet sich eine Schranke, die von einem Motor **M1** gesteuert wird. Außerdem gibt es am Eingang zwei Leuchten **P1** (rot) und **P2** (grün), sowie zwei Sensoren **B1** und **B2**. An der Ausfahrt befindet sich ein Sensor **B3**.

Erkennung von Autos

Die Sensoren **B1**, **B2** und **B3** sind Sensoren, die unter der Fahrbahn angebracht sind. Jeder Sensor gibt ein **TRUE**-Signal, wenn sich ein Auto direkt über dem Sensor befindet, wie unten dargestellt:

Das Programm sollte wie folgt funktionieren

Wenn im Parkhaus freie Plätze vorhanden sind, sollte die grüne Lampe **P2** eingeschaltet, **P1** ausgeschaltet und die Schranke geschlossen werden.

Wenn ein Auto in das Parkhaus einfährt und den Sensor **B1** betätigt, soll sich die Schranke öffnen, und wenn das Auto den Sensor **B2** passiert hat, soll sich die Schranke schließen und die Zahl der freien Plätze um einen verringern.

Wenn **M1** ein **TRUE**-Signal erhält, fährt die Schranke hoch (offen), und ein Auto kann in das Parkhaus einfahren. Wenn **M1** ein **FALSE**-Signal erhält, fährt die Schranke herunter (geschlossen).

Wenn das Parkhaus voll ist, muss die grüne Leuchte **P2** ausgehen, die rote Leuchte **P1** muss aufleuchten, und die Schranke darf erst dann hochfahren, wenn ein oder mehrere Fahrzeuge das Parkhaus verlassen haben.

Die Anzahl der freien Plätze erhöht sich um 1, wenn ein Fahrzeug das Parkhaus verlassen hat. Auto hat Parkhaus verlassen, wenn es Sensor **B3** an Ausfahrt passiert.

Übung

Schreiben Sie ein SPS-Programm zur Steuerung des Parkhauses.

4.8   Anordnung von drei Packstücken auf einem Förderband

In dieser Übung müssen Sie ein SPS-Programm schreiben, das
Pakete auf einem Förderband so schieben kann, dass drei Pakete
zusammengefasst werden. So kann ein Roboter drei Pakete
gleichzeitig aufnehmen und auf eine Palette legen.

Beschreibung

Das Förderband ist mit drei digitalen Sensoren **B1**, **B4** und **B5**
ausgestattet, die ein **TRUE**-Signal geben, wenn sich ein Paket direkt
vor dem Sensor befindet.

Ein Zylinder **M1** (Aktor, ein elektrischer Zylinder) fährt aus, wenn **M1**
ein **TRUE**-Signal erhält. Um sicherzustellen, dass die Pakete richtig
auf dem Förderband platziert werden, verfügt der Zylinder über zwei
Sensoren **B2** und **B3**. Der Sensor **B2** gibt ein **TRUE**-Signal, wenn der
Zylinder das mittlere Paket (Paket Nummer zwei) in die richtige
Position in der Mitte des Förderbandes geschoben hat. Der Sensor
B3 gibt ein **TRUE**-Signal, wenn der Zylinder ganz herausgefahren ist,
dorthin, wo sich Paket Nummer drei befinden sollte.

Ein mechanischer Anschlag **M2** sorgt dafür, dass die drei Pakete
nebeneinander positioniert werden. Der mechanische Anschlag wird
nach oben bewegt, wenn **M2** ein **TRUE**-Signal erhält. Der
mechanische Anschlag wird wieder nach unten bewegt, wenn **M2** ein
FALSE-Signal erhält.

Erklärung der Abbildungen

Die Pakete gelangen immer auf der linken Seite auf das Förderband.
Das Förderband bewegt sich kontinuierlich.

Abbildung (1) zeigt das Paket Nummer eins, das gerade den Sensor
B1 aktiviert. Der mechanische Anschlag dient zum Anhalten der
Pakete.

Bild (2) zeigt Packstück Nummer eins am mechanischen Anschlag,
und Packstück Nummer zwei hat gerade den Sensor **B1** verlassen.
Packstück Nummer zwei muss von Zylinder **M2** auf die Mitte des
Förderbandes geschoben werden, wie in Abbildung (3) zu sehen ist.

In Abbildung (4) befinden sich die Packstücke Nummer eins und zwei
vor dem mechanischen Anschlag, und das Packstück Nummer drei
ist gerade nach rechts herausgeschoben worden.

Bild (5) zeigt alle Packstücke vor dem mechanischen Anschlag. Der
Sensor **B5** gibt ein **TRUE**-Signal.

Abbildung (6) zeigt den angehobenen mechanischen Anschlag. Der
mechanische Anschlag kann bei einer fallenden Flanke, (Signal geht
von **TRUE** zu **FALSE**) von Sensor **B4**, wieder abgesenkt werden.

Übung

Schreiben Sie ein SPS-Programm auf der Grundlage dieser
Angaben.

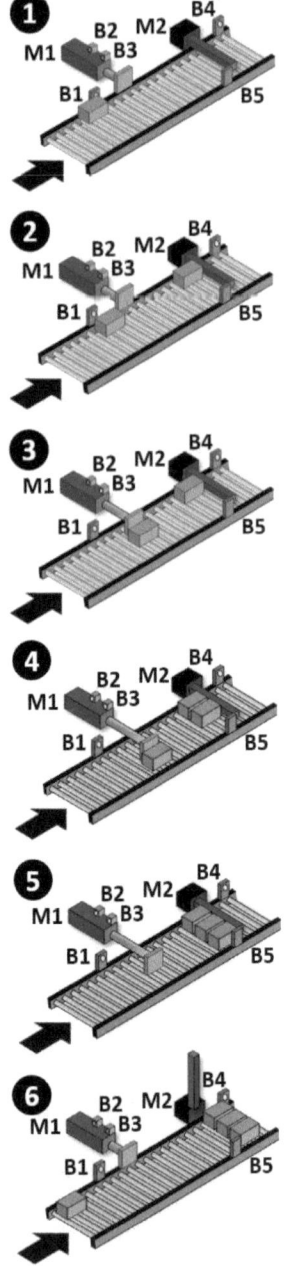

4.9   Kettenantrieb für Boxaufzug

In dieser Übung müssen Sie ein SPS-Programm entwickeln, das in der Lage ist, Box vom Förderband **M3** auf das Förderband **M4** zu heben:

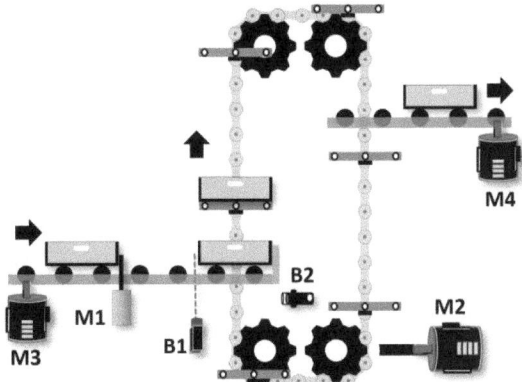

Beschreibung

Der Kettenantrieb wird von einem Motor **M2** angetrieben. Wenn **M2** ein **TRUE**-Signal empfängt, läuft der Motor, und die Kette wird bewegt. An der Kette sind sechs Regale angebracht, die jeweils eine Box vom Förderband **M3** auf das Förderband **M4** heben können. Die beiden Förderbänder **M3** und **M4** laufen kontinuierlich.

Das System wird Paternoster-Aufzug genannt.

Ein Aktuator (ein Motor mit einem Arm, der sich nach oben bewegen kann) **M1** wird verwendet, um eine Box anzuhalten, während eine andere Box mit dem Kettenantrieb angehoben wird. Wenn **M1** ein **TRUE**-Signal empfängt, bewegt sich der Zylinder nach unten, so dass eine Box an **M1** vorbeifahren und sich zum Kettenantrieb bewegen kann.

Wenn sich ein Regal auf dem Kettenantrieb vor dem Sensor **B2** befindet, gibt der Sensor ein **TRUE**-Signal. Wenn eines box auf dem Weg dorthin ist, wo sie angehoben werden kann, sollte der Kettenantrieb anhalten (**M2** wird auf **FALSE** gesetzt), um eine Kollision zwischen einer Box und Regal zu verhindern. Eine Box ist auf dem Weg, angehoben zu werden, wenn der Sensor **B1** ein **TRUE**-Signal ausgibt. Eine Box ist nach einer fallenden Flanke (Signal geht von **TRUE** auf **FALSE**) von Sensor **B1** bereit, angehoben zu werden.

Wenn sich keine Box auf dem Kettenantrieb befinden, sollte der Motor **M2** anhalten, um Energie zu sparen. Motor **M2** sollte nur dann wieder anlaufen, wenn Sensor **B1** erkennt (ein **TRUE**-Signal empfängt), dass eine Box zum Anheben bereit ist.

Übung

Schreiben Sie ein SPS-Programm für den Kettenantrieb.

4.10 Keks-Verpackungsmaschine (automatisch/manuell)

Eine Maschine verpackt Kekse in geformte Kunststoffverpackungen, wie abgebildet:

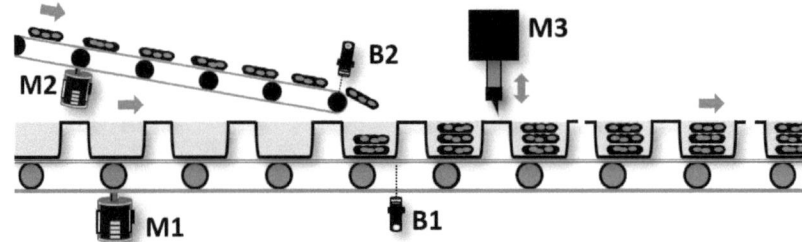

Beschreibung

Die Kekse kommen von der Bäckerei auf dem Förderband 2 (dem obigen Band). Vom Förderband fällt jeder Keks direkt in eine endlose, tiefgezogene, geformte Kunststoffverpackung. Wenn ein Keks das Förderband 2 verlässt, wechselt das digitale Signal von Sensor **B2** von **TRUE** auf **FALSE**.

Das Förderband 2 wird vom Motor **M2** gesteuert und bewegt sich bei einem **TRUE**-Signal nach rechts.

Das Endlos-Plastikpaket kommt auf dem Förderband 1 an. Der Sensor **B1** gibt ein **TRUE**-Signal, wenn das Kunststoffpaket korrekt unter dem Förderband 2 positioniert ist.

Das Förderband 1 wird vom Motor **M1** gesteuert und bewegt sich bei einem **TRUE**-Signal nach rechts.

In jeder Plastikverpackung sollten sich drei Kekse befinden, so dass sich das Förderband 1 nach rechts bewegt, wenn sich drei Kekse in der Plastikverpackung befinden.

In jeder Kundenpackung sollten 6 Kekse sein, daher werden die Kunststoffpackungen mit einem von Motor **M3** gesteuerten Messer geschnitten. Wenn der Motor **M3** ein richtiges Signal erhält, fährt das Messer nach unten und schneidet die Verbindung zwischen zwei Kunststoffverpackungen. Bei einem **FALSE**-Signal wird das Messer automatisch mit einer Feder zurückgezogen.

Bedienfeld

Die Maschine verfügt über ein Bedienfeld mit einem Drehschalter und fünf Drucktasten:

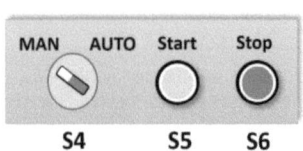

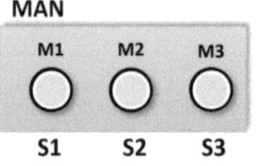

Der Drehschalter **S4** dient zum Umschalten zwischen Automatikbetrieb und manuellem Betrieb der Maschine. Im Automatikbetrieb sollte die Maschine wie oben beschrieben funktionieren. Im Automatikbetrieb kann die Maschine mit dem Taster **S5** gestartet und mit dem Taster **S6** gestoppt werden.

Im Manuellen Betrieb können die Motoren mit den Drucktasten **S1**, **S2** oder **S3** auf **TRUE** gesetzt werden. Wird der Taster nicht gedrückt gehalten, gibt der Taster ein **FALSE**-Signal. Der manuelle Betrieb kann zum Testen und Einstellen der Maschine verwendet werden.

Übung

Schreiben Sie ein SPS-Programm für die Maschine.

4.11 Einfüllen von Öl in Fässer (Encoder)

Die Anlage besteht aus einer kleinen Station, in der Öl in Fässer abgefüllt wird:

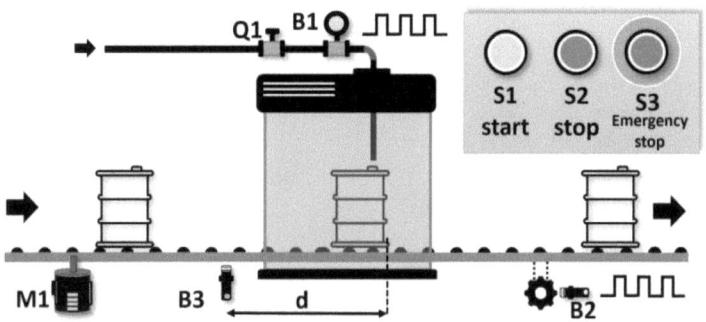

Beschreibung

Ein Förderband wird von einem Motor **M1** angetrieben. Das Förderband transportiert leere Fässer in ein geschlossenes System, in dem die Ölabfüllung erfolgt. Die in das Fass eingefüllte Menge wird von einem digitalen Durchflussmesser **B1** gemessen (dieser Sensor misst die Ölmenge, die durch das Rohr fließt, und gibt pro 100 ml einen digitalen Impuls ab). Da Öl brennbar ist, gibt es in dem geschlossenen System keine elektrischen Bauteile.

Das Fass muss genau unter dem Füllrohr positioniert werden, daher werden ein Getriebe und ein Encodersensor **B2** verwendet, die digitalen Impulse liefern, wenn das Förderband läuft.

In einem Fass können 800 Liter Öl enthalten sein.

Bedienfeld

Die gesamte Station wird mit einem manuellen Taster **S1** gestartet und mit **S2** gestoppt.

Wenn die Stopptaste **S2** gedrückt wird, wird das Fass gefüllt und dann aus dem geschlossenen System befördert, bevor das Förderband stoppt.

Beschreibung der Komponenten:

Name	Typ	Beschreibung
M1	Motor	Treibt das Förderband an. Auf **TRUE** setzen, um das Förderband zu aktivieren.
Q1	Ventil	Elektrisches Ventil zum Öffnen und Schließen der Ölzufuhr. **TRUE** wenn offen.
B1	Sensor	Messen der Ölmenge. Einen Impuls für jeweils 100 Milliliter [ml].
B2	Sensor	Drehgeber-Sensor. Durchmesser der Rolle: 15 cm, Abstand d = 120 cm.
B3	Sensor	Gibt ein **TRUE**-Signal, wenn sich ein Fass am Sensor befindet.
S1	Drucktaster	Start der Füllstation (NO).
S2	Drucktaster	Abfüllstation anhalten (NC). Das Befüllen des Fasses ist abgeschlossen und das Fass wird herausgefahren.
S3	Drucktaster	System sofort stoppen. Das Ventil **Q1** schließt und der Motor **M1** wird gestoppt (auf **FALSE** gesetzt). Wenn **S2** danach gedrückt wird, wird das Fass herausgefahren.

Übung

Schreiben Sie ein SPS-Programm auf der Grundlage dieser Beschreibung.

4.12 Maschine zum Ablängen von Kabeln (Encoder)

In dieser Übung müssen Sie ein SPS-Programm für eine Maschine entwickeln, die Kabel auf eine bestimmte Länge schneidet. Bild der Maschine:

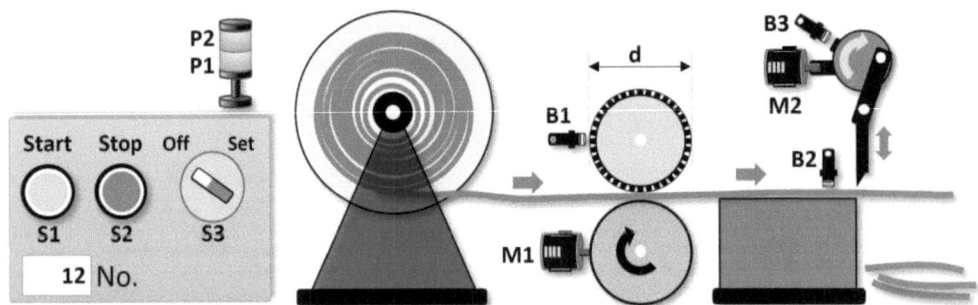

Beschreibung

Das Kabel wird von einem Motor **M1** nach vorne gezogen. Der Motor läuft mit einer konstanten niedrigen Geschwindigkeit, wenn ein **TRUE**-Signal an **M1** anliegt.

Ein Motor **M2** wird zum Schneiden des Kabels verwendet. Bei einem **TRUE**-Signal an **M2** sollte der Motor eine Umdrehung machen, um das Kabel zu schneiden. Sensor **B3** gibt ein **TRUE**-Signal, wenn das Messer oben ist und das Kabel nach vorne gezogen werden kann.

Der Sensor **B2** gibt ein **TRUE**-Signal, wenn ein Kabel eingezogen ist.

Ein Encoder-Sensor **B1** wird zur Messung der Kabellänge verwendet.

Der Durchmesser d beträgt 15 cm.

Signalturm

Ein Signalturm mit zwei Lampen **P1** und **P2** wird verwendet, um den Bediener an der Maschine zu informieren. Wenn **P2** leuchtet, hat die Maschine das Schneiden von Kabeln beendet. Wenn **P1** leuchtet, befindet sich die Maschine im Automatikbetrieb und schneidet Kabel.

Bedienfeld

Das Bedienfeld enthält eine Starttaste **S1welche** die die Maschine startet und die im Eingabefeld "Anzahl" angegebene Anzahl von Kabeln schneidet.

Mit der Stopptaste **S2** werden **M1** und **M2** sofort gestoppt. Wenn die Maschine die im Feld "No." angegebene Anzahl von Kabeln noch nicht fertig geschnitten hat, fährt die Maschine mit dem Schneiden von Kabeln fort, wenn die Starttaste **S1** nach einem Stopp gedrückt wird.

Wenn die Maschine nicht in Betrieb ist (Licht in **P1**), kann die Kabellänge mit dem Drehschalter **S3** eingestellt werden. Dazu wird **S3** auf die Position "Set" gestellt und dann das Kabel auf die gewünschte Länge gezogen. Wenn **S3** wieder auf die Position "Off" gestellt wird, wird die gemessene Länge in der SPS gespeichert und ist damit die neue Kabellänge.

Übung

Schreiben Sie ein SPS-Programm auf der Grundlage der Beschreibung.

5 Übungen mit Timern (Zeitgebern)

Dieses Kapitel enthält SPS-Programmübungen, in denen Sie die Verwendung von Timern lernen. Einige der Übungen erfordern auch die Verwendung von Logik und Zählern (Counter) im SPS-Programm.
Die Übungen werden im Laufe des Kapitels immer schwieriger.

5.1 Ein Drehschalter aktiviert die Lampe nach 10 Sekunden

In dieser Übung werden ein Drehschalter **S1** und eine Lampe **P1** an eine SPS angeschlossen:

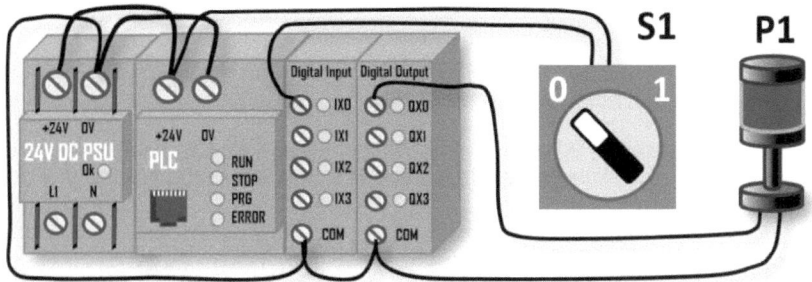

Schreiben Sie ein SPS-Programm, bei dem die Lampe **P1** 10 Sekunden, nachdem der Drehschalter **S1** in die Stellung "1" gebracht wurde, eingeschaltet wird. Wenn der Drehschalter auf "0" gestellt wird, sollte die Lampe **P1** ausgeschaltet werden.

5.2 Eine Lampe einschalten für 10 Sekunden

In dieser Übung werden ein Drucktaster **S1** und eine Lampe **P1** an eine SPS angeschlossen:

Schreiben Sie ein SPS-Programm, bei dem die Lampe **P1** sofort eingeschaltet wird, wenn die Taste **S1** gedrückt wird. Danach soll die Lampe 10 Sekunden lang leuchten und dann wieder ausgeschaltet werden.
Die Lampe **P1** darf nur 10 Sekunden lang eingeschaltet sein, auch wenn der Druckknopf **S1** länger als 10 Sekunden gedrückt wird.

5.3 Mit einem Drehschalter eine Lampe blinken lassen

Hier ist eine Übung mit einem manuellen Drehschalter **S1** und einer Lampe **P1**:

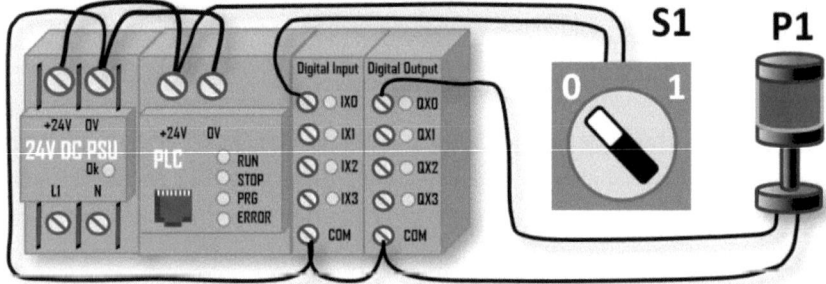

Schreiben Sie ein SPS-Programm mit folgendem Ablauf:

Wenn sich der Drehschalter **S1** in der Position "1" (ein) befindet, sollte die Lampe **P1** blinken. Das bedeutet, dass die Lampe 2 Sekunden lang leuchtet und 2 Sekunden lang aus ist.

5.4 Mit einem Drehschalter eine Lampe blinken lassen

Hier ist eine Übung mit einem manuellen Drehschalter **S1** und zwei Lampen:

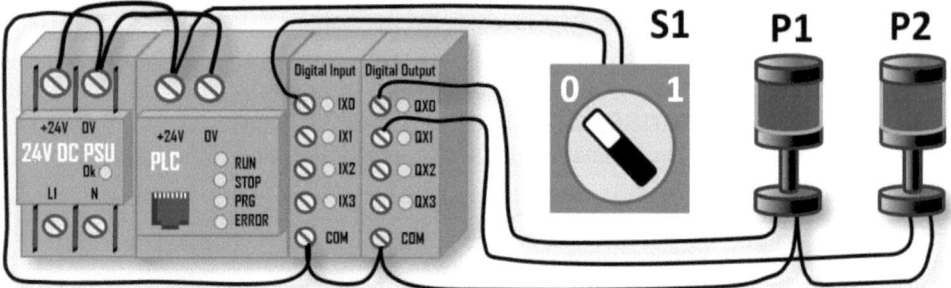

Schreiben Sie ein SPS-Programm, das die folgenden Anforderungen erfüllt:
- Wenn sich der Drehschalter **S1** in der Stellung "1" (ein) befindet, sollte die Lampe **P1** eingeschaltet sein.
- Nach 10 Sekunden sollten beide Lampen **P1** und **P2** aufleuchten.
- Nach weiteren 10 Sekunden sollten die beiden Lampen abwechselnd im Abstand von einer Sekunde blinken. Das bedeutet, dass wenn **P1** aus ist, **P2** leuchtet und umgekehrt.

5.5   Taster, die die Blinkfrequenz der Lampe verändern

In dieser Übung werden zwei Drucktaster und eine Lampe an eine SPS angeschlossen:

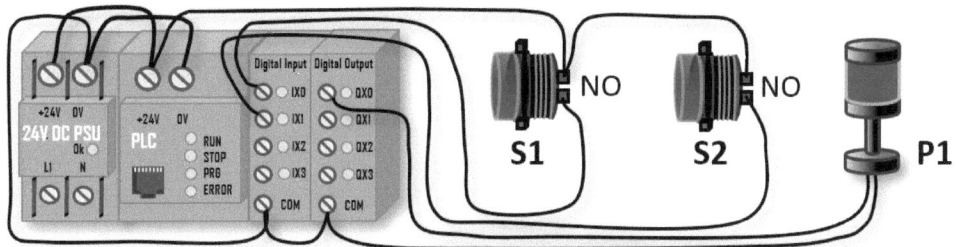

Schreiben Sie ein SPS-Programm, das die folgenden Anforderungen erfüllt:

- Wenn Sie **S1** drücken, blinkt die Lampe **P1** immer schneller, bis sie ständig leuchtet.
- Wenn Sie **S2** drücken, blinkt die Lampe **P1** immer langsamer, bis sie schließlich ganz ausschaltet.

5.6   Signalturm als Lauflicht

In dieser Übung werden ein Drucktaster **S1** und eine Signalturm an eine SPS angeschlossen:

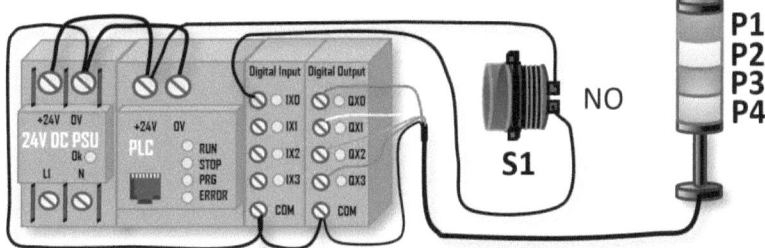

Schreiben Sie ein SPS-Programm, das die folgenden Anforderungen erfüllt:

Wenn die Taste **S1** gedrückt wird, sollten die Lampen wie folgt abwechselnd leuchten: Zuerst schaltet sich **P1** ein. **P1** schaltet sich aus und **P2** schaltet sich ein. **P2** schaltet sich aus und **P3** schaltet sich ein. **P3** schaltet sich aus und **P4** schaltet sich ein. **P4** schaltet sich aus und **P1** schaltet sich ein.

Und der Zyklus wiederholt sich, da es sich um ein Lauflicht handelt.

Eine Lampe sollte jeweils 2 Sekunden lang leuchten.

5.7 Ampel für einen Fußgängerüberweg

In dieser Übung müssen Sie das SPS-Programm für die Steuerung eines Ampelsignals an einem Fußgängerüberweg schreiben.

Der Fußgängerüberweg sieht wie folgt aus:

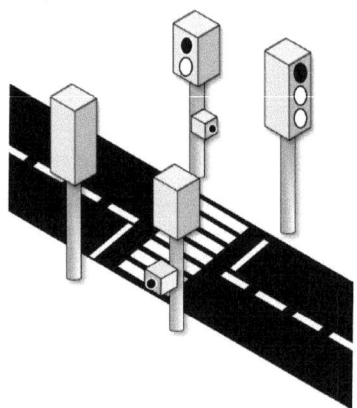

Beschreibung

Für Fahrzeuge gibt es ein grünes Dauerlicht. Wenn eine Person die Straße überqueren möchte, muss sie den Druckknopf an einem der Pfosten drücken, welche auf beiden Seiten der Straße stehen. Die beiden Druckknöpfe heißen **S1** und **S2**. Die Person darf die Straße nur überqueren, wenn die Ampel für Fahrzeuge rot und für Personen grün ist.

Die Sequenz für das Lichtsignal kann in diese 6 Schritte (Zustände) unterteilt werden, wie unten dargestellt:

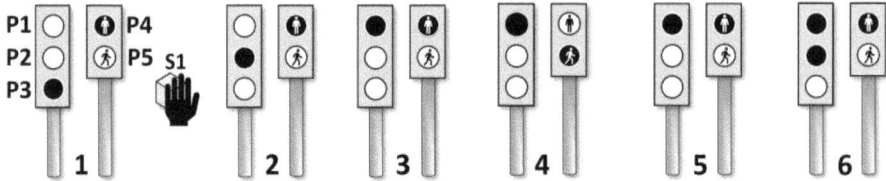

Tabelle mit den Zeiten zwischen den einzelnen Schritten:

Übergang von Schritt	Übergang zum Schritt	Zustand ändern
1	2	Beim Drücken von **S1** oder **S2**
2	3	8 Sekunden
3	4	10 Sekunden
4	5	30 Sekunden
5	6	5 Sekunden
6	1	3 Sekunden

Übung

Schreiben Sie ein SPS-Programm für das Verkehrssignal.

5.8   SPS-Programm zur Steuerung einer Zugbrücke

In dieser Übung soll ein SPS-Programmsystem für eine Zugbrücke entwickelt werden:

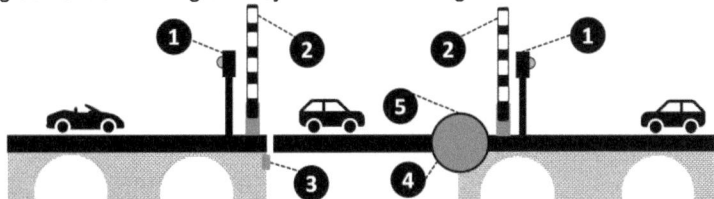

Beschreibung

Die beiden Signallampen (1) werden durch separate Digitalausgänge der SPS gesteuert. Wenn das Signal am digitalen Ausgang **TRUE** ist, wird die Signallampe eingeschaltet.

Die beiden Schranken (2) werden durch separate digitale Ausgänge der SPS gesteuert. Die Schranken schwenken nach unten und sperren den Verkehr, wenn am digitalen Ausgang ein **TRUE**-Signal anliegt. Wenn der Digitalausgang ein **FALSE** Signal ausgibt, schwenken die Schranken zurück, und der Verkehr kann wieder passieren.

Es gibt einen Sensor (3), der ein **TRUE**-Signal liefert, wenn die Zugbrücke unten ist, und einen weiteren Sensor (5), der ein **TRUE**-Signal liefert, wenn die Zugbrücke oben ist.

Die Zugbrücke selbst wird von einem großen Motor (4) gesteuert, der die Zugbrücke heben und senken kann. Der Motor wird von zwei digitalen Signalen aus der SPS gesteuert. Ein digitales Signal wird verwendet, um den Motor zu starten, und das andere wird verwendet, um die Richtung des Motors festzulegen, damit die Zugbrücke entweder hoch- oder herunterfährt. Die Brücke fährt hoch, wenn beide Signale **TRUE** sind. Der Motor muss anhalten, wenn die Taste (C) betätigt wird oder wenn ein **TRUE**-Signal vom Sensor (3) oder ein **TRUE**-Signal vom Sensor (5) vorliegt.

Hier ist die Brücke geöffnet:

Bedienfeld

Für die Bedienung der Zugbrückensteuerung sind drei manuelle Tasten erforderlich:

A) Zugbrücke öffnen, **B)** Zugbrücke schließen, **C)** Zugbrückenbewegung stoppen.

Wenn die manuelle Drucktaste **A)** aktiviert wird, sollten die Signallampen blinken, und nach 30 Sekunden sollten die Barrieren die Brücke schließen. Dann öffnet sich die Zugbrücke. Die Signallampen sollten im Sekundentakt blinken.

Wenn der manuelle Druckknopf **B)** betätigt wird, sollte sich die Zugbrücke wieder senken. Wenn die Zugbrücke unten ist, sollten sich die Schranken wieder öffnen. Die Schranken sollten 5 Sekunden brauchen, um sich zu bewegen. Wenn die Brücke wieder für den Verkehr freigegeben ist, sollten die Lampen erlöschen.

Übung

Schreiben Sie ein SPS-Programm für die Steuerung der Zugbrücke.

5.9 Behälter auf dem Förderband

In dieser Übung schreiben Sie ein SPS-Programm für ein kleines Förderband, bei dem ein Behälter auf einem Förderband vorwärts bewegt wird, um befüllt zu werden, und dann wieder zurückbewegt wird.

Es gibt ein Förderband mit einem Motor **M1** für den Antrieb und zwei Sensoren **B1** und **B2**. Die beiden Sensoren sind an jedem Ende des Förderbandes angebracht. Außerdem gibt es ein Bedienfeld mit einer Starttaste **S1**, einer Stopptaste **S2** und einer Taste **S3**, die den Vorgang unterbricht. Unten finden Sie eine Illustration:

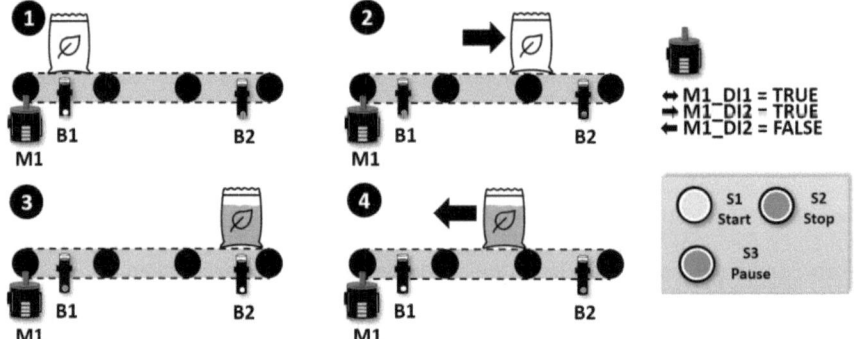

Beschreibung

Die Sensoren **B1** und **B2** geben ein **TRUE**-Signal, wenn sich der Behälter direkt über dem Sensor befindet. Bei Sensor **B1** wird er auf das Förderband gelegt. Am Sensor **B2** wird er befüllt. Der Motor **M1** wird durch zwei digitale Eingangssignale gesteuert: **M1_DI1** und **M1_DI2**. Wenn **M1_DI TRUE** ist, wird der Motor eingeschaltet und das Förderband bewegt sich. Mit dem digitalen Signal **M1_DI2** kann der Motor die Richtung ändern. Wenn **M1_DI2 TRUE** ist, bewegt sich der Behälter nach rechts, und wenn das Signal **FALSE** ist, bewegt sich der Behälter nach links.

Betrieb

Wenn der Behälter am Sensor **B1** platziert und die Starttaste **S1** gedrückt wird, startet das Programm (siehe Abbildung ❶).

Sobald das Programm gestartet ist, bewegt sich der Behälter nach rechts (Abbildung ❷). Wenn der Behälter den Sensor **B2** erreicht, muss er gefüllt werden. Es dauert 10 Sekunden, den Behälter zu füllen (siehe Abbildung ❸). Danach sollte der Motor die Richtung ändern, damit das Förderband den Behälter zurückbewegt (siehe Abbildung ❹).

Wenn der Behälter zum Startpunkt ❶ zurückkehrt, sollte das Förderband anhalten.

Wenn der Bediener die Stopptaste **S2** drückt, muss der Vorgang angehalten und der Behälter manuell vom Förderband entfernt werden. Der Vorgang kann nur neu gestartet werden, indem ein neuer Behälter am Sensor **B1** platziert und die Starttaste **S1** gedrückt wird.

Wenn der Bediener die Pausentaste **S3** drückt, wird der Vorgang sofort gestoppt und kann an **S1** wieder aufgenommen werden, ohne dass ein Behälter am Sensor **B1** erforderlich ist. Ein bereits auf dem Förderband befindlicher Beutel wird dort fortgesetzt, wo er aufgehört hat.

Übung

Schreiben Sie ein SPS-Programm auf der Grundlage der Beschreibung.

5.10 Lackieranlage

In dieser Übung müssen Sie ein SPS-Programm für eine Maschine schreiben, die Werkstücke lackiert:

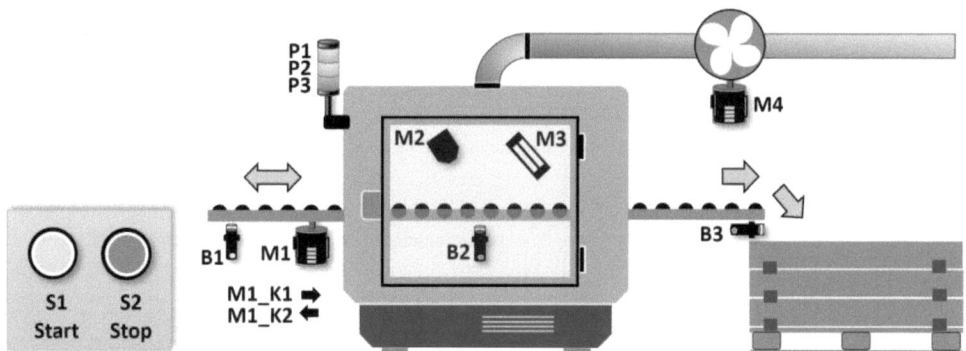

Beschreibung

Das Förderband wird von einem Motor **M1** gesteuert, der ein Werkstück nach rechts bewegen kann, indem er an **M1_K1** auf **TRUE** gesetzt wird, und nach links, indem er an **M1_K2** auf **TRUE** gesetzt wird. Die Signale an Motor **M1_K1** und **M1_K2** können nicht gleichzeitig auf **TRUE** gesetzt werden.

Ein zu lackierendes Werkstück wird auf den Sensor **B1** gelegt. Wenn sich ein Werkstück am Sensor **B1** befindet, gibt **B1** ein **TRUE**-Signal, und die Maschine kann durch Drücken von **S1** gestartet werden. Das Werkstück wird dann in die Lackiermaschine gefahren. Wenn der Sensor **B2** ein **TRUE**-Signal gibt, befindet sich das Werkstück in der Lackiermaschine. Nun wird der Motor **M4** zur Belüftung gestartet und der Lackiervorgang beginnt, indem die Spritzpistole **M2** auf **TRUE** gestellt wird. Der Lackiervorgang läuft 20 Sekunden lang. Danach muss das Werkstück trocknen, was durch die Einstellung von **M3** auf **TRUE** geschieht. Das Trocknen dauert 30 Sekunden. Schließlich muss das Werkstück 10 Sekunden lang in der Maschine verbleiben, während die Lüftung **M4** noch in Betrieb ist. Dann wird die Belüftung **M4** ausgeschaltet und das lackierte Werkstück wird zum Sensor **B1** zurückgebracht.

Wenn der Bediener die Stopptaste **S2** drückt, während ein Werkstück lackiert oder getrocknet wird, sollte das Werkstück entsorgt werden. Dazu wird **M1_K1** auf **TRUE** gesetzt, bis der Sensor **B3** ein **TRUE**-Signal gibt. Das Werkstück wird dann in die Palette für ausgeschiedene Werkstücke gelegt.

Signalturm und Maschinenbetrieb

Ein Signalturm mit drei Lampen **P1**, **P2** und **P3** dient dazu, den Bediener an der Lackiermaschine zu informieren. Wenn das Licht in **P1** eingeschaltet wird, ist die Lackiermaschine bereit, ein neues Werkstück aufzunehmen.

Wenn der Bediener **S1** drückt, geht die Maschine in Betrieb, und die Lampe **P2** muss eingeschaltet werden und P1 muss ausgehen.

Wenn der Bediener **S2** drückt, während die Maschine ein Werkstück bearbeitet, sollte **P3** eingeschaltet werden, während das Werkstück auf die Palette mit den zurückgewiesenen Werkstücken geschoben wird.

Übung

Schreiben Sie ein SPS-Programm auf der Grundlage der Beschreibung.

5.11 Motorsteuerung mit Relais und Betriebsstundenzähler

In dieser Übung schreiben Sie ein SPS-Programm zur Steuerung eines Motors.
Der Aufbau ist wie unten dargestellt:

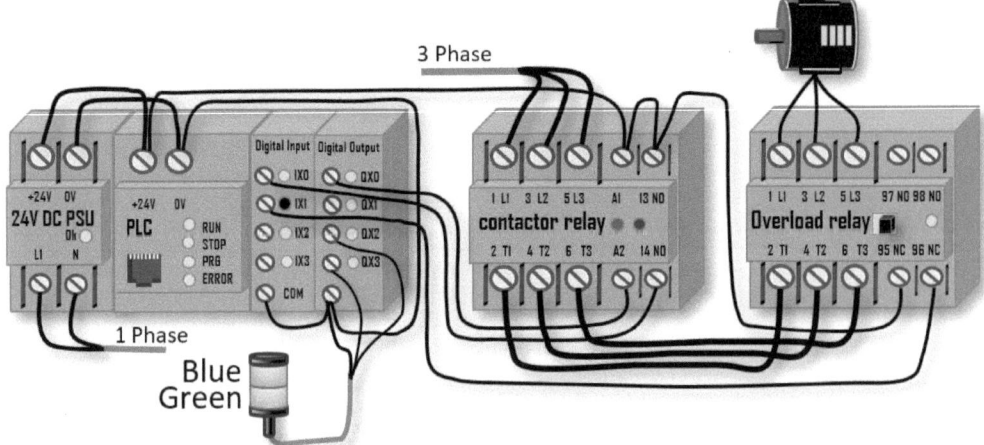

Bestandteile der Einrichtung
Es gibt ein Schaltschütz, ein Überlastrelais (Überlastschutzrelais), einen Motor und einen Lichtturm mit zwei Lampen. Die Komponenten sind alle mit den Leitungen verbunden, wie in der obigen Zeichnung dargestellt. Sowohl vom Überlastungsschutzrelais als auch vom Schütz gibt es ein digitales Rückmeldesignal an die SPS.

Außerdem gibt es einen manuellen Tastschalter:

Power

Spezifikation der Anforderungen
Wenn die Power-Taste gedrückt wird, sollte der Motor laufen (der Motor ist in Betrieb), und wenn die Power-Taste erneut gedrückt wird, sollte der Motor anhalten. Der Power-Taster ist ein normaler Kontakt mit Federrückstellung, aber er sollte im SPS-Programm als Schalter funktionieren.

Wenn der Motor in Betrieb ist, sollte die grüne Lampe leuchten.

Wenn der Motor angehalten wird, sollte die blaue Lampe leuchten.

Die folgenden Funktionen sollten in das SPS-Programm aufgenommen werden:

- Ein Zähler, der zählt, wie oft der Motor gestartet wurde.
- Ein Tacho-Stundenzähler (Tachometer), der zählt, wie viele Sekunden und Minuten der Motor in Betrieb war.

Übung
Schreiben Sie ein SPS-Programm auf der Grundlage der Beschreibung.

5.12 Zeitsteuerung eines Mischers in einem Prozessbehälter

In dieser Übung müssen Sie ein Programm zur Zeitsteuerung eines Mischers in einem Prozessbehälter schreiben. Der Aufbau ist wie unten gezeigt:

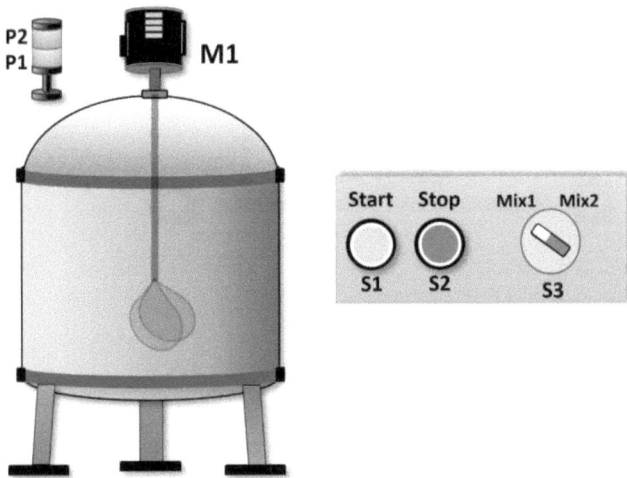

Beschreibung

Im oberen Teil des Prozessbehälters befindet sich ein Motor **M1**, der den Mischer antreibt. Die automatische Betriebszeit beginnt mit dem Taster **S1** und endet mit der Betätigung des Tasters **S2**.

S1 ist ein Schließer (NO) und **S2** ist ein Öffner (NC).

Automatischer Betrieb

Die Einschaltdauer beträgt fünf Minuten, während dieser Zeit sollte die Lampe **P1** leuchten. Nach Ablauf der fünf Minuten schaltet sich **P1** aus, und **P2** schaltet sich ein.

Während der Betriebszeit kann der Mischvorgang auf zwei verschiedene Modi eingestellt werden.

Der Bediener kann mit dem manuellen Drehschalter **S3** zwischen den beiden Modi wählen.

Die beiden Modi sind:

> **Mix1**: Der Mischer ist 10 Sekunden lang eingeschaltet und 20 Sekunden lang ausgeschaltet.
>
> **Mix2**: Der Mischer ist 20 Sekunden lang eingeschaltet und 10 Sekunden lang ausgeschaltet.

Durch Drücken der Stopptaste **S2** wird der Timer angehalten und durch Drücken der Starttaste **S1** wird der Vorgang fortgesetzt.

Übung

Schreiben Sie ein Programm auf der Grundlage der Beschreibung.

5.13 Palettenmagazin

In dieser Übung entwickeln Sie eine SPS-Steuerung für ein Palettenmagazin.

Ein Palettenmagazin enthält einen Stapel von Paletten und wird in vielen Produktionsbetrieben eingesetzt. Ein Palettenmagazin ist eine kleine Vorrichtung, die automatisch eine neue Palette aus dem Palettenstapel zuführen kann.

Hier sehen Sie eine Abbildung des Palettenmagazins:

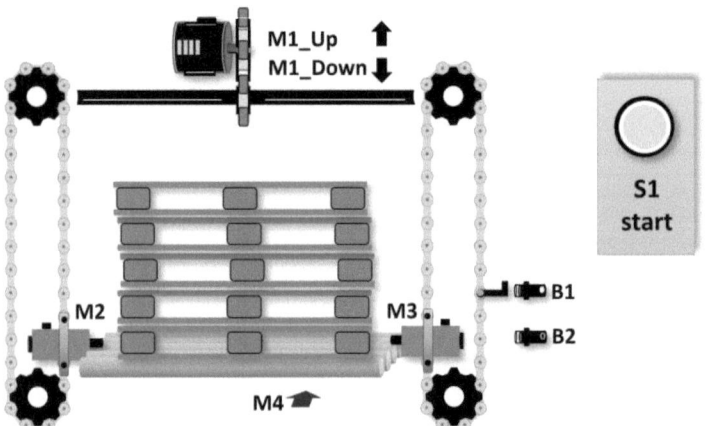

Beschreibung

Jedes Mal, wenn eine Palette benötigt wird, muss ein Bediener den manuellen Schalter **S1** betätigen.

Es wird immer die unterste Palette vom Palettenstapel genommen.

Das Palettenmagazin hat einen motorgesteuerten **M1**-Kettenantrieb, der den gesamten Palettenstapel anheben kann.

Sensoren

B1 gibt ein **TRUE**-Signal, wenn der Palettenstapel nicht weiter nach unten bewegt werden darf.
B2 gibt ein **TRUE**-Signal, wenn der Palettenstapel nicht weiter nach oben bewegt werden darf.

Es gibt keinen Sensor, der ein Signal gibt, wenn sich keine Paletten mehr im Stapel befinden.

Zylinder

Zwei Zylinder **M2** und **M3** dienen dazu, den gesamten Palettenstapel zu fixieren, während die unterste Palette auf dem Förderband **M4** abtransportiert wird. Das Förderband **M4** sorgt dafür, dass die Palette dorthin gebracht wird, wo sie gebraucht wird. Das Förderband **M4** darf nur in Betrieb sein ("fahren"), wenn die Palette abtransportiert werden muss.

Die beiden Zylinder **M2** und **M3** bewegen sich auf den Palettenstapel zu, wenn die Zylinder ein **TRUE**-Signal erhalten. Sie müssen 10 Sekunden lang ein **TRUE**-Signal empfangen, bevor davon ausgegangen werden kann, dass die Zylinder vollständig gegen eine Palette gepresst sind.

Nachfolgend sehen Sie sechs Bilder des Palettenmagazins in verschiedenen Situationen des Prozesses:

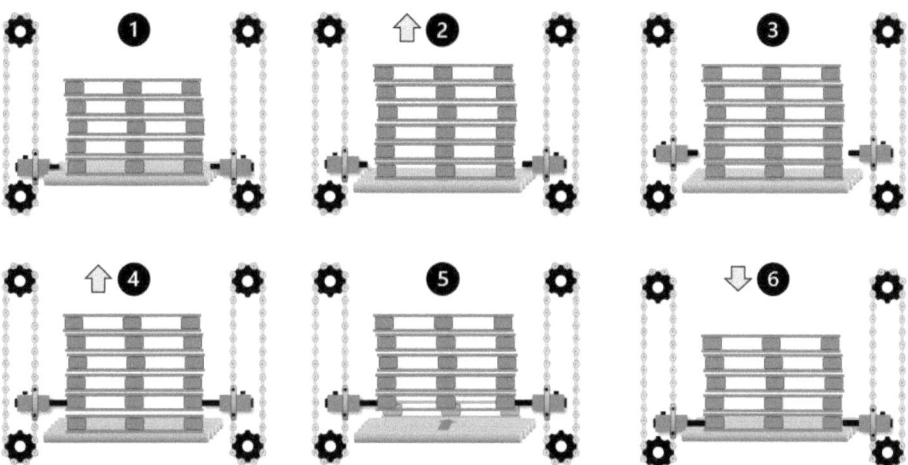

Beschreibung der Bilder:

❶ Ausgangssituation. Der gesamte Palettenstapel befindet sich auf dem Förderband.

❷ Ein Bediener hat **S1** gedrückt, um eine Palette zu holen. Die beiden Zylinder sollen nun auf die zweite untere Palette gefahren werden. Dies geschieht, indem **M1_Up** auf **TRUE** gesetzt wird. Die Aufwärtsbewegung wird gestoppt, wenn der Sensor **B2** ein **TRUE**-Signal empfängt, da dies bedeutet, dass sich die Zylinder vor der zweiten unteren Palette im Stapel befinden.

❸ Die beiden Zylinder befinden sich nun vor der zweiten unteren Palette, und die Zylinder können in Richtung der Palette bewegt werden. Dazu müssen die Zylinder **M2** und **M3** auf **TRUE** gesetzt werden. Der Palettenstapel kann nach 10 Sekunden angehoben werden, da es einige Zeit dauert, bis die Zylinder vollständig mit der Palette in Berührung gekommen sind.

❹ Der Palettenstapel wird angehoben, mit Ausnahme der untersten Palette. Der Palettenstapel muss nur ein kleines Stück angehoben werden, was durch das Setzen von **M1_Up** auf **TRUE** für 5 Sekunden erreicht wird.

❺ Wenn der Palettenstapel angehoben wird, kann die untere Palette mit dem Förderband **M4** weggeschoben werden. Es dauert 12 Sekunden, um die Palette wegzufahren. Die Palette muss entfernt werden, bevor der gesamte Palettenstapel wieder auf das Förderband abgesenkt werden kann.

❻ Der Palettenstapel wird wieder abgesenkt, indem **M1_Down** auf **TRUE** gesetzt wird. Die Zylinder sollten nicht ganz bis zum Förderband **M4** herunterfahren, da dies das Palettenmagazin beschädigen könnte. Daher sollte **M4** anhalten, wenn der Sensor **B1** ein **TRUE**-Signal gibt. Dann werden die beiden Zylinder auf ein **FALSE**-Signal gesetzt, so dass die Zylinder nicht mehr auf dem Palettenstapel halten. Es dauert 10 Sekunden, bis sich die Zylinder vom Palettenstapel entfernt haben.

Übung
Schreiben Sie ein SPS-Programm für das Palettenmagazin.

6 Übung mit analogen Signalen

Dieses Kapitel enthält Übungen, bei denen ein analoger Eingangswert, z. B. von einem Sensor, mit Hilfe einer linearen Skalierung umgerechnet werden muss. Der Wert vom Analogeingangsmodul muss so umgerechnet (skaliert) werden, dass der Wert in einem SPS-Programm verwendbar ist.
In allen Übungen wird ein 12-Bit-Analogeingangsmodul verwendet.

6.1 Analoges Signal von einem Temperatursensor

Ein Temperatursensor hat einen Messbereich von 0 bis 100 Grad und wird an einen 4 bis 20 mA Analogeingang angeschlossen.

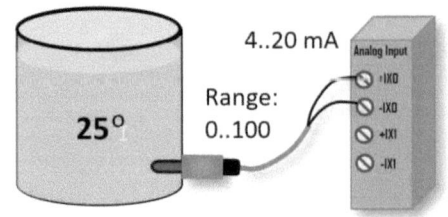

Der Temperatursensor misst 25 Grad im Behälter.

Welcher Wert (Zahl) kann vom analogen Eingangsmodul gelesen werden?

Schreiben Sie den SPS-Code, der den Wert des analogen Eingangsmoduls auf 25 skalieren kann.

6.2 Analoges Signal von einem Potentiometer

Ein Potentiometer auf einem Bedienfeld kann auf einen Wert im Bereich von 0 bis 60 eingestellt werden und ist mit einem Analogeingang von 0 bis 20 mA verbunden.

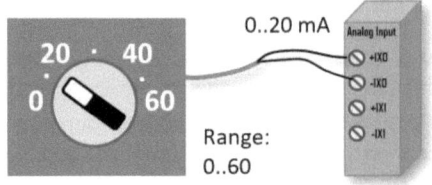

Ein Bediener hat das Potentiometer auf 10 eingestellt.
Welcher Wert (Zahl) kann vom analogen Eingangsmodul gelesen werden?
Schreiben Sie den SPS-Code, der den Wert des analogen Eingangsmoduls auf 10 skalieren kann.

6.3 Analoges Signal von einer Waage

Ein Kasten mit leeren Flaschen wird auf eine Waage gestellt. Ein Analogausgang der Waage t ist mit einem Analogeingang von 0 bis 10 V verbunden.

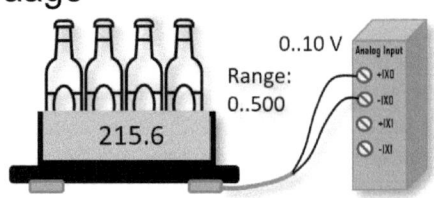

Der Karton mit Flaschen wiegt 215,6 g.
Welcher Wert (Zahl) kann vom analogen Eingangsmodul gelesen werden?

Schreiben Sie den SPS-Code, der den Wert des analogen Eingangsmoduls auf 215,6 skalieren kann.

Im Folgenden finden Sie Übungen, bei denen ein analoger Ausgangswert mit Hilfe einer linearen Skalierung umgewandelt werden muss. Dies ist von Bedeutung, wenn ein SPS-Programm externe Geräte, wie z. B. die Geschwindigkeit eines Motors, steuern muss.
In allen Übungen wird ein 12-Bit-Analogausgangsmodul verwendet.

6.4 Wert für den Frequenzumrichter (FU)

Die Drehzahl eines Frequenzumrichters wird von einer SPS gesteuert. Ein analoger Ausgang der SPS ist mit einem analogen Eingang des Frequenzumrichters verbunden.
Regelbereich: 0 bis 50 Hz.
Der Frequenzumrichter soll mit 47 Hz arbeiten. Welchen Wert soll das SPS-Programm an den Analogausgang schreiben?
Schreiben Sie ein Programm, das 47 in den Wert umwandelt, der in den Ausgang geschrieben werden muss.

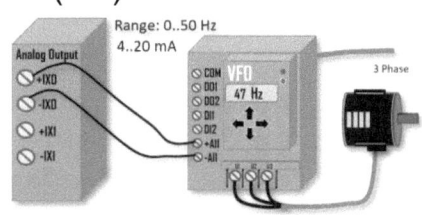

6.5 Wert für Pulverdosierungen

Ein Motor zur Pulverdosierung wird von einer SPS gesteuert. Ein analoger Ausgang der SPS ist mit einem analogen Eingang des Motors verbunden.
Regelbereich: 0 bis 120 RPM (Umdrehungen pro Minute). Der Motor soll mit 30 RPM laufen. Welchen Wert soll das SPS-Programm an den Analogausgang schreiben?
Schreiben Sie ein Programm, das 30 in den Wert umwandelt, der an den Ausgang geschrieben werden soll.

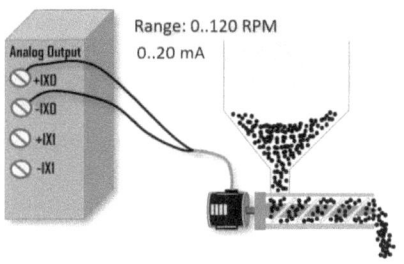

6.6 Wert für Steuerventil

Ein Regelventil (auch als Stellungsregler oder Regelventil bezeichnet) zur Regelung des Flüssigkeitsdurchflusses wird von einer SPS gesteuert.
Ein analoger Ausgang der SPS ist mit einem analogen Eingang des Regelventils verbunden.
Regelbereich: 0 bis 100% (0% = geschlossen).
Das Ventil muss bis 15,5 % geöffnet sein. Welchen Wert soll das SPS-Programm an den Analogausgang schreiben?
Schreiben Sie das SPS-Programm, das 15,5 in den Wert umwandeln kann, der an den Ausgang geschrieben werden muss.

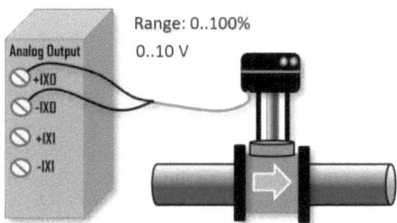

6.7 Wiegen und Zählen von Koffern auf einem Flughafen

In dieser Übung entwickeln und schreiben Sie ein SPS-Programm, das die Anzahl der Koffer auf einem Flughafen wiegen und zählen kann. Der Aufbau ist wie unten gezeigt:

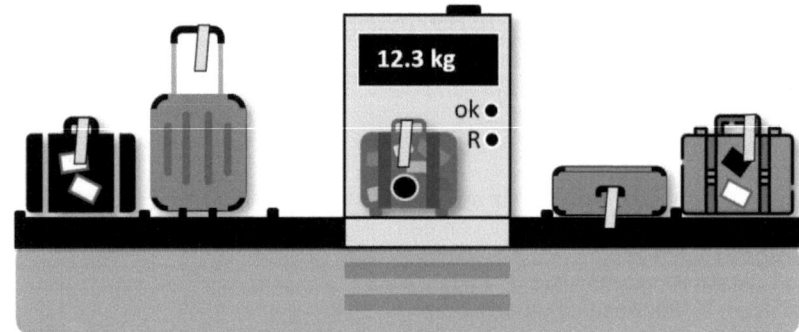

Beschreibung

Jeder Koffer wird auf einer Waage gewogen.

Die Waage für die Koffer arbeitet im Bereich von 0 bis 50 kg.

Die Waage wird über einen Analogeingang an eine SPS angeschlossen.

Auf der Vorderseite der Waage befindet sich ein Bedienfeld mit zwei manuellen Drucktasten mit der Bezeichnung "ok" und "R". Beide Tasten sind normalerweise als Schließer (NO) ausgeführt.

Wenn der Koffer auf die Waagschale gestellt wird, muss der Flughafenmitarbeiter "ok" drücken, um den Messwert zu registrieren.

Anforderungen an das SPS-Programm:

1) Es muss einen Zähler enthalten, der die Gesamtzahl (Menge) der gewogenen Koffer anzeigt.
2) Das Programm sollte ein Durchschnittsgewicht aller Koffer berechnen.
3) Ein Koffer gehört zu einer Gewichtsklasse gemäß der folgenden Tabelle:

Größe des Koffers	Gewichtsklasse	Menge
0 bis 5 kg	Kleine Größe	?
5 bis 10 kg	Normale Größe	?
10 bis 20 kg	Großes Format	?
Größer als 20 kg	Übergröße	?

Das Programm sollte zählen, wie viele Koffer (Menge) in jeder Gewichtsklasse sind. Der Flughafenbetreiber sollte in der Lage sein, alle Zähler durch Drücken der Taste "R" zurückzusetzen, was "reset" (auf Null setzen) bedeutet.

Übung

Schreiben Sie ein Programm auf der Grundlage der Beschreibung und der Anforderungen.

6.8 Luxus-Händetrockner mit Timer und Anzeige

In dieser Übung entwickeln Sie ein SPS-Programm für einen Luxus-Händetrockner. Er ist in vielen Toiletten zu finden und bietet den Vorteil, dass keine Papierhandtücher oder Handtücher zum Trocknen der Hände benötigt werden.

Es handelt sich um einen komfortablen Händetrockner mit einem Heizelement **E1** und der Möglichkeit, die Einschaltdauer des Händetrockners einzustellen:

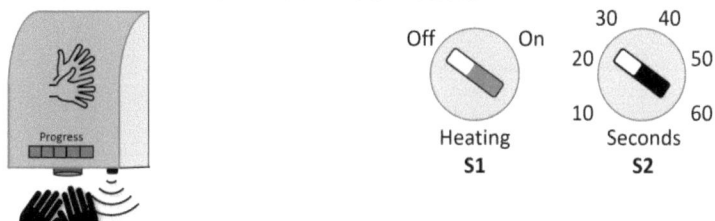

Beschreibung

Der Händetrockner hat ein integriertes Gebläse, das von einem Motor **M1** angetrieben wird. Die Luft tritt an der Unterseite des Händetrockners aus, dort können die Hände getrocknet werden.

An der Unterseite des Händetrockners befindet sich ein Sensor **B1**, der die Bewegungen der Hände erfasst. Wenn der Sensor die Hände erkennt, gibt er ein **TRUE**-Signal aus. Dieses **TRUE**-Signal wird verwendet, um den Motor zu starten. Der Motor sollte für die am Analogpotentiometer **S2** eingestellte Dauer laufen (eine Zeit zwischen 10 und 60 Sekunden). Nach Ablauf der eingestellten Zeit sollte der Motor automatisch abschalten.

Komponenten im Inneren des Händetrockners

Der Händetrockner enthält die genannten Komponenten und eine kleine SPS:

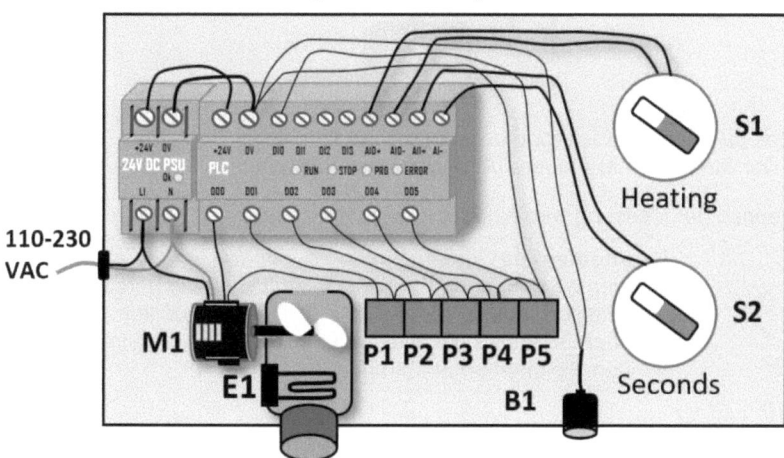

Fortschrittsanzeige
Der Händetrockner verfügt über einen Fortschrittsbalken mit fünf Lampen (**P1** bis **P5**), an dem der Benutzer ablesen kann, wie viel Zeit noch verbleibt. Wenn der Händetrockner aktiviert wird (siehe Abbildung 1), leuchten alle fünf Lampen auf, und im Laufe der Zeit schalten sich die Lampen nacheinander aus. Wenn alle Lampen ausgeschaltet sind (siehe Abbildung 3), stoppt der Händetrockner:

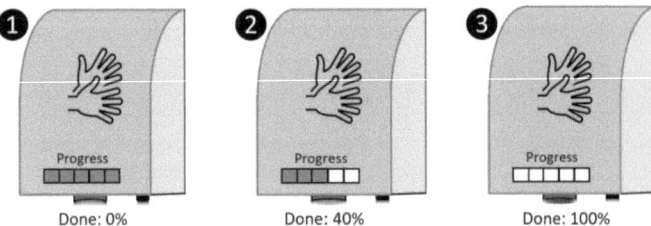

Heizelement
Das Heizelement **E1** darf nur zusammen mit dem Motor **M1** eingeschaltet werden, und die Heizung kann abgeschaltet werden, indem der Schalter **S1** in die Stellung " Off " gebracht wird.

Übung
Schreiben Sie ein SPS-Programm für den Händetrockner.

6.9 Berechnung der Kosten für das Laden von Elektroautos

In dieser Übung schreiben Sie ein SPS-Programm, das die Kosten für das Aufladen eines Elektroautos berechnen kann:

Um die Kosten für das Laden eines Elektroautos zu berechnen, müssen Strom und Spannung gemessen werden. Der Strom wird in Ampere [A] gemessen, die Spannung in Volt [V].

Zum Starten und Stoppen der Messung wird ein Bedienpult verwendet:

Das Bedienfeld
Um den zu zahlenden Preis für die Aufladung zu berechnen, wird die verbrauchte Menge [kWh] mit dem aktuellen Strompreis [Preis/kWh] multipliziert. Den aktuellen Strompreis können Sie im Internet abfragen.

Zur Messung von Stromstärke und Spannung werden zwei elektronische Module verwendet, die in die Ladestation für Elektrofahrzeuge eingebaut sind.

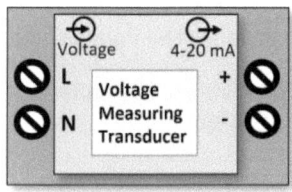

Spannungsmesswandler

Dieses elektronische Modul misst die aktuelle Spannung des Stromnetzes, z. B. 230 V.

Die aktuelle Spannung ist ein analoger Wert, der nicht direkt an ein analoges Eingangsmodul einer SPS angeschlossen werden kann. Daher ist ein elektronisches Modul wie z. B. ein "Spannungsmesswandler" erforderlich. Das Modul führt eine lineare Skalierung (Umwandlung) einer Spannung im Bereich von 0 bis 400 V in einen Wert im Bereich von 4-20 mA durch.

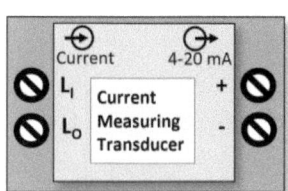

Strom-Messumformer

Dieses elektronische Modul misst den Batterieladestrom, der zum Beispiel 20 A betragen kann.

Der Strom ist ein analoger Wert, der nicht direkt an ein analoges Eingangsmodul einer SPS angeschlossen werden kann. Daher ist ein elektronisches Modul wie ein "Strommesswandler" erforderlich. Das Modul führt eine lineare Skalierung (Umwandlung) eines Stroms im Bereich von 0 bis 40 A in einen Wert im Bereich von 4-20 mA durch.

Die Berechnung

Die Stromaufnahme (Leistung) P wird in Watt [W] gemessen und wie folgt berechnet:

P = U*I*cos(phi), wobei U = Spannung, I = Strom, cos(phi) ist auf 1 gesetzt.

Der Stromverbrauch wird in der Regel in Kilowatt [kW] angegeben, wobei kW = W / 1000.

Die verbrauchte Menge wird über einen bestimmten Zeitraum gemessen und in kWh (Kilowatt pro Stunde) angegeben.

Beispielrechnung

Wenn ein Elektroauto mit 10 A geladen wird, die Spannung 230 V beträgt und es 15 Minuten lang lädt, beträgt der Verbrauch:

(10 * 230 * 15) / (60 * 1000) = 0,575 [kWh], wobei 60 Minuten für 1 Stunde stehen.

Denken Sie daran, dass der Stromverbrauch (Leistung) während des Ladens einer Batterie nicht konstant ist, d.h. es sollte ein Durchschnitt aus einer Reihe von Messungen gebildet werden. Sie müssen bestimmen, was ein angemessener Durchschnitt ist.

Übung

Schreiben Sie ein SPS-Programm, das die Kosten für einen Ladevorgang berechnen kann.

7 Angewandte Mathematik in der Programmierung

Dieses Kapitel enthält Übungen, bei denen relevante angewandte mathematische Formeln und Berechnungen in einer SPS programmiert werden müssen.

Viele SPS-Programme erfordern die Verwendung von Mathematik und Formeln, und daher sind die Übungen in diesem Kapitel ein guter Ausgangspunkt, um dies zu lernen.

7.1 Berechnen Sie das Volumen eines Prozessbehälters

Ein Prozessbehälter hat die Form eines Zylinders.

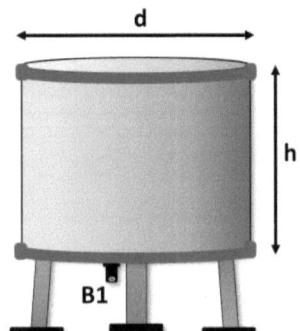

Daten für den Prozessbehälter:
Durchmesser: d = 1,4 Meter
Höhe: h = 2,75 Meter
Ein analoger Füllstandssensor **B1** ist am Boden des Prozessbehälters angebracht und misst den Flüssigkeitsstand.

Übung
Schreiben Sie ein SPS-Programm, das das Volumen des Prozessbehälters auf der Grundlage des aktuell gemessenen Flüssigkeitsstands berechnet.

7.2 Berechnen Sie das Volumen eines Hochsilos

Ein Hochsilo hat die Form eines Zylinders mit einem Kegelstumpf am Boden.

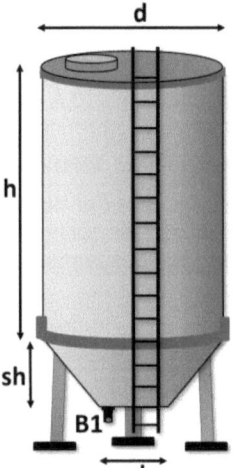

Daten für das Silo:
Durchmesser: d = 3,4 Meter
Höhe: h = 8,50 Meter
Höhe des Kegelstumpfs: sh = 1,2 Meter
Durchmesser des Kegelstumpfs: sd = 0,8 Meter
Ein analoger Füllstandssensor **B1** ist am Boden des Silos angebracht und misst den Flüssigkeitsstand.

Übung
Schreiben Sie ein SPS-Programm, das das Volumen im Silo auf der Grundlage des aktuell gemessenen Flüssigkeitsstands berechnet.

7.3   Berechnen Sie die Geschwindigkeit des Förderbandes

Zwei digitale Sensoren **B1** und **B2** sind an einem Förderband angebracht. Der Abstand zwischen den beiden Sensoren beträgt d = 0,8 Meter.

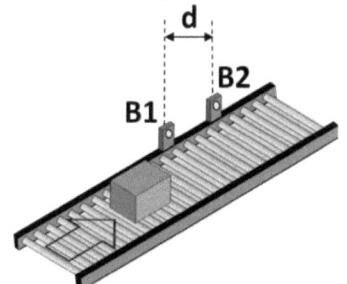

Übung
Schreiben Sie ein SPS-Programm, das die Geschwindigkeit des Förderbandes berechnet.

7.4   Berechnen Sie, wenn das Regenbecken gefüllt ist

Ein großes Regenwasserauffangbecken, das so aussieht:

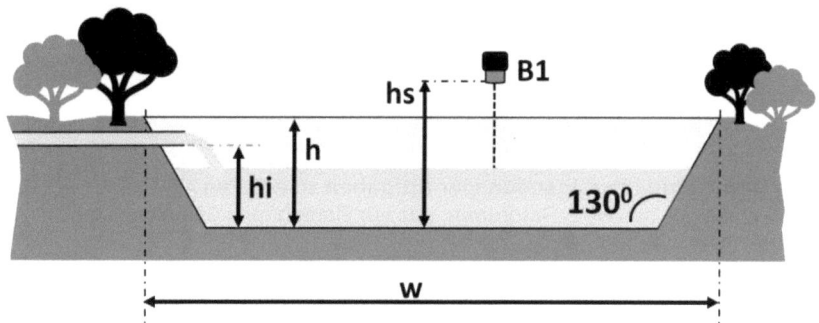

Das Becken hat die Form eines umgekehrten Pyramidenstumpfs, wobei die Breiten gleich sind.

Daten für das Becken:
Breite: w = 12 Meter
Höhe des Beckens: h = 4,00 Meter
Höhe zum Einlassrohr: hi = 3,50 Meter
Höhe zum Füllstandssensor **B1**: hs = 5 Meter
Ein analoger Sensor **B1** misst die Entfernung bis zum Wasserstand.
Das Becken ist mit Wasser gefüllt, wenn der Wasserstand das Einlaufrohr erreicht (gemessener Wasserstand = hi).

Übung
Schreiben Sie ein SPS-Programm, das kontinuierlich die Zeit berechnet, die benötigt wird, um das Becken mit Wasser zu füllen.

7.5 Volumen eines liegenden zylindrischen Tanks

Ein Unternehmen entwickelt und vertreibt große Tanks zur Lagerung von Flüssigkeiten.

Die Tanks haben eine zylindrische Form und werden waagerecht aufgestellt. Die Enden der Tanks sind flach.

Hier sind Bilder von einem Tank:

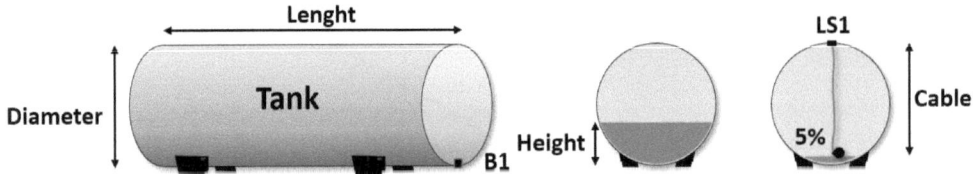

Beschreibung

Das Unternehmen möchte zwei Sensoren zusammen mit dem Tank verkaufen:

- Sensor **B1** zur Messung des Füllstands im Tank (analoge Füllstandsmessung).
- Niveauschalter **LS1** (Niveauschalter oder Schwimmerschalter).

Darüber hinaus möchte das Unternehmen das notwendige SPS-Programm zur Berechnung des aktuellen Flüssigkeitsvolumens im Tank verschenken, so dass die Kunden die Tankberechnungen einfach in ihre eigenen SPS-Systeme integrieren können. Die Kunden verwenden verschiedene SPS-Hersteller und unterschiedliche SPS-Programmiersprachen.

Aus diesem Grund sind die folgenden vier Aufgaben zu erfüllen:

> **1)** Schreiben Sie das SPS-Programm, das zur Berechnung des aktuellen Tankvolumens benötigt wird.

Modul-Test

Um Ihr SPS-Programm zu testen, wird ein Tank mit den folgenden Daten ausgewählt:

> Durchmesser von 4 Metern und eine Länge von 6 Metern.

> **2)** Entwerfen und vervollständigen Sie eine Prüftabelle/ein Formblatt mit der erforderlichen Anzahl von Prüfpunkten. Dies bedeutet, dass Sie eine angemessene Anzahl von Flüssigkeitsständen im Tank und das erwartete berechnete Volumen auswählen. Testen Sie dann Ihr SPS-Programm, indem Sie die vom SPS-Programm berechneten Ergebnisse in das Testtabellenformular eintragen. Verwenden Sie dann die Testtabelle/den Testvordruck, um zu überprüfen, ob das SPS-Programm richtig rechnet.

> **3)** Der Niveauschalter **LS1** sollte ein digitales Signal geben, wenn nur noch 5 % Flüssigkeit (Volumen) im Tank sind.
> Wie weit sollte das Sensorkabel (**Cable**) in den Tank hineinreichen, wenn der Sensor von der Oberseite des Tanks herunterhängt?

> **4)** Beschreiben und demonstrieren Sie, wie man eine Lösung programmieren kann, die kontinuierlich überwacht, ob die beiden Sensoren korrekt funktionieren.

7.6 Berechnen Sie die Menge der Steine und der Erde

In dieser Übung müssen Sie ein SPS-Programm entwickeln, das die Menge an Steinen und Erde, die von einem Förderband in einer Kiesgrube kommt, berechnen kann.

Abbildungen:

Funktionsweise

Ein Förderband bewegt Steine, Kies, Erde oder Sand, um einen großen Haufen zu bilden. Auf dem Förderband sind zwei analoge Abstandssensoren, **B1** und **B2**, installiert.

Die drei Abbildungen zeigen Folgendes:

❶ Ausgangssituation. Es gibt keinen Haufen, und die beiden Sensoren messen den gleichen Abstand.

❷ Dieser Haufen besteht sowohl aus Steinen als auch aus Erde, wodurch der Haufen sehr hoch und schmal ist.

❸ Dieser Haufen besteht nur aus Erde und ist daher flacher als er hoch ist.

Der Abstand zwischen den beiden Sensoren beträgt d = 50 cm.

Die Form der verschiedenen Stapel

Es wird davon ausgegangen, dass der Materialhaufen die Form eines Kegelstumpfs hat, jedoch mit unterschiedlichen Neigungen, da Haufen aus Steinen, Kies, Erde oder Sand unterschiedliche Neigungen haben können. Je nach Material sind einige Haufen hoch und schmal, während andere flacher sind.

Übung

Schreiben Sie ein SPS-Programm, das fortlaufend die folgenden Werte berechnet:

1) Die Menge (Volumen) des Materials im Haufen.

2) Die Menge (Volumen pro Zeiteinheit) des dem Haufen zugeführten Materials.

3) Berechnen Sie fortlaufend den Zeitpunkt, an dem sich kein Material mehr unter dem Förderband befinden kann.

7.7 Abstand zwischen den Holzbrettern auf dem Förderband

Eine Maschine schneidet ein langes Holzbrett in kleinere Bretter, und die Bretter werden in der Nähe des Förderbands **M1** abgelegt. Die Bretter müssen in einem bestimmten Abstand zueinander liegen. Dies wird dadurch erreicht, dass die Geschwindigkeit des Förderbands **M2** höher ist als die des Förderbands **M1**, wie es das SPS-Programm vorschreibt.

Die Abbildung:

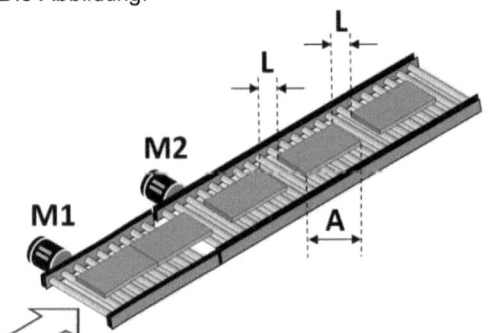

Beschreibung

Der Abstand zwischen den Brettern ist **L**, und die Bretter haben die Größe **A**.

Die beiden Motoren **M1** und **M2**, die die beiden Förderbänder antreiben, sind identisch.

Auch die Durchmesser der Rollen auf den beiden Förderbändern sind identisch.

Die Motoren **M1** und **M2** werden über ein analoges 4-20 mA Signal von der SPS gesteuert, und die Drehzahl der Motoren kann zwischen 0 und 1000 U/min eingestellt werden (U/min steht für Umdrehungen pro Minute).

Übung

Schreiben Sie ein SPS-Programm, mit dem die Drehzahl des Motors **M2** auf der Grundlage der Drehzahl des Motors **M1** so eingestellt werden kann, dass der Abstand zwischen den Brettern **L** beträgt.

7.8 Betonmischer befüllen

In dieser Übung müssen Sie ein SPS-Programm schreiben, um die Befüllung eines Betonmischers zu berechnen.

Beschreibung

Ein Förderband wird von einem Motor, **M1**, angetrieben. Das Förderband hat die Form eines gleichschenkligen Trapezes.

Das Förderband wird zum Befüllen eines Betonmischers mit Frischbeton verwendet. Die Höhe der Betonschicht auf dem Förderband wird von einem analogen Sensor, **B1**, gemessen. Der Sensor misst den Abstand (Lm) bis zur Betonschicht. Dieser Abstand kann natürlich variieren, während das Förderband in Betrieb ist und der Betonmischer mit Frischbeton befüllt wird.

Der Aufbau ist wie folgt:

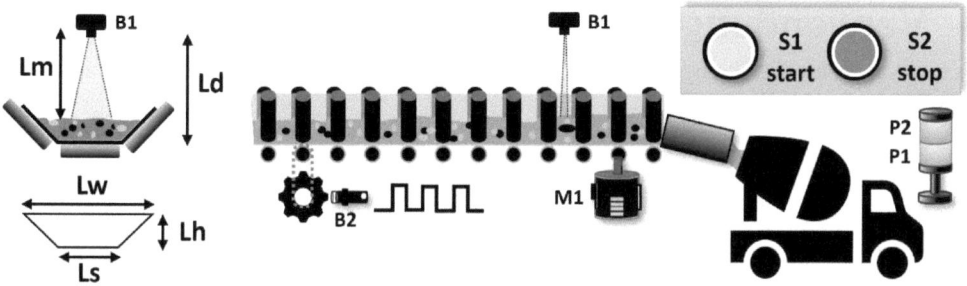

Das Förderband ist mit einem Encodersensor **B2** ausgestattet. Dieser Sensor gibt digitale Impulse ab, wenn das Förderband in Betrieb ist.

In einem Betonmischer können bis zu 12 m³ Flüssigbeton enthalten sein.

Beschreibung der Komponenten:

Name	Typ	Beschreibung
M1	Motor	Treibt das Förderband an. Auf **TRUE** setzen, damit das Förderband läuft.
B1	Sensor	Misst den Abstand bis zum flüssigen Beton. Messbereich: 0 bis 2 Meter.
B2	Sensor	Sensor, der als Encoder verwendet wird. Digitales Signal. Durchmesser der Rolle: 10 cm.
S1	Taster	(NO) Betrieb starten. Der Betonmischer wird mit der gewählten Betonmenge gefüllt.
S2	Taster	(NC) Hält sofort an. Stoppt das Förderband.
P1	Lampe	Leuchtet auf, wenn das Förderband in Betrieb ist.
P2	Lampe	Leuchtet auf, wenn das Förderband nicht in Betrieb ist.

Tabelle der Abstände:

Distanz	Beschreibung
Lm	Abstand zur Oberkante des Betons. Gemessen von Sensor **B1**.
Lw	Maximale Breite des Förderbandes: 80 cm.
Ls	Mindestbreite des Förderbandes: 40 cm.
Lh	Höhe des Förderbandes: 30 cm.
Ld	Abstand vom Sensor zum unteren Ende des Förderbandes: 140 cm.

Der Bediener sollte die Möglichkeit haben, die Betonmenge auszuwählen, die in den Betonmischer gefüllt werden soll. Diese Auswahl kann nicht mehr geändert werden, nachdem der Bediener die Starttaste gedrückt hat. Das System hält automatisch an, wenn der Wagen mit der gewählten Betonmenge gefüllt ist.

Übung
Schreiben Sie ein SPS-Programm, das den Betonwagen befüllt.

8 Verwendung von ARRAY im SPS-Programm

Dieses Kapitel enthält Übungen, in denen Sie den Umgang mit der ARRAY-Funktion lernen können.

8.1 Verkehrszeichenwagen zur Verkehrssteuerung

In dieser Übung müssen Sie ein SPS-Programm für einen Verkehrszeichenwagen entwickeln, der zur Regelung des Verkehrs eingesetzt werden kann.

Illustration des Verkehrszeichenwagen:

Beschreibung

Der Verkehrszeichenwagen hat einen Rahmen mit Lampen auf der Rückseite, der hochgefahren werden kann, wenn der Verkehr geregelt werden muss. Die Lampen sind in einer Matrix auf dem Rahmen montiert, und die Lampen können eingeschaltet werden, um die folgenden Signale anzuzeigen:

Lampen-Signale

Die Signale bedeuten:

1) Biegen Sie nach links ab.

2) Fahrspur gesperrt.

3) Biegen Sie nach rechts ab.

4) Höchstgeschwindigkeit 30.

5) Höchstgeschwindigkeit 50.

6) Die Lichter sind ausgeschaltet.

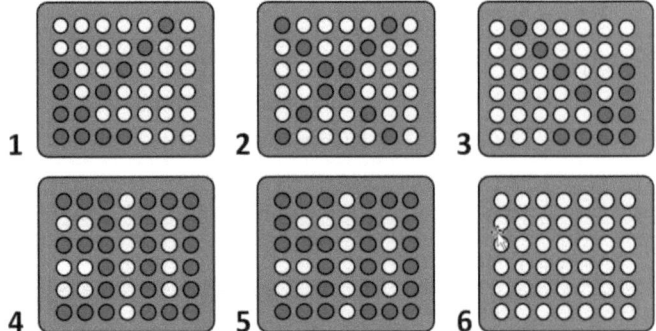

Bedienfeld

Es gibt ein Bedienfeld, auf dem der Bediener das zu verwendende Signal auswählen kann:

In dieser Übung müssen Sie selbst geeignete Namen für Variablen (TAGS) definieren.

Übung

Schreiben Sie ein SPS-Programm für den Verkehrszeichenwagen.

8.2 Sortieren von Daten einer Maschine

Eine Maschine füllt vier Flaschen in Kartons ab:

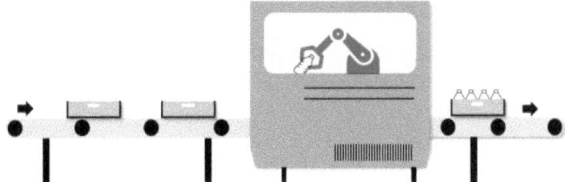

Beschreibung

Eine SPS zählt, wie viele Kartons die Maschine pro Stunde durchlaufen haben.
Um eine gute Programmstruktur zu haben, wird die Anzahl der Kartons in einem ARRAY zusammengefasst.

Hier ist ein ARRAY, das die Anzahl der Kartons enthält, die in den letzten 12 Stunden jede Stunde durch die Maschine gelaufen sind:

121	47	67	165	119	82	0	145	114	78	67	45

Übung

Sie werden nun fünf Aufgaben zu den gesammelten Daten lösen:

1) ARRAY erstellen

Sie müssen im SPS-Programm ein ARRAY mit den gesammelten Daten erstellen.

2) Gesamtzahl der Kartons

Sie müssen nun eine Schleife programmieren, mit der Sie die Gesamtzahl der Kartone zählen können, die in den letzten 12 Stunden durch die Maschine gelaufen sind.

3) Durchschnitt

Mit Hilfe einer Programmschleife müssen Sie die durchschnittliche Anzahl der Kartonen pro Stunde ermitteln, die die Maschine durchlaufen haben.

4) Die beste Produktion

Mit Hilfe einer Programmschleife müssen Sie die höchste Zahl (165) finden, die die Maschine durchlaufen hat.

5) Sortieren der Daten

Sie müssen nun die Daten sortieren, um einen besseren Überblick über die gesammelten Daten zu erhalten. Das ARRAY sollte so sortiert werden, dass die größten Werte ganz links und die kleinsten Werte ganz rechts stehen, wie unten dargestellt:

165	145	121	119	114	82	78	67	67	47	45	0

9 Entwicklung von Funktionen und Funktionsblöcken

Dieses Kapitel enthält Übungen zum Entwurf und zur Programmierung von Funktionen und Funktionsblöcken zur Verwendung und Wiederverwendung in einem SPS-Programm.

9.1 Funktion, die zwei Zahlen addiert

Erstellen Sie eine Funktion mit zwei Eingabevariablen namens: **Zahl1** und **Zahl2**.
Die Funktion sollte die beiden Eingabevariablen addieren und das Ergebnis zurückgeben.
Der Variablenname für die Rückgabevariable sollte lauten: **Summe12**.
Finden Sie selbst einen passenden Namen für die Funktion.

Blockdiagramm:

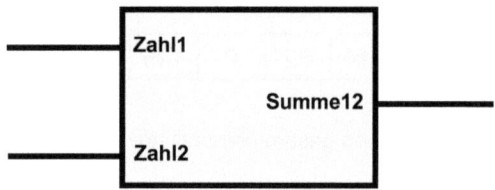

9.2 Funktion, die zwei Zahlen multiplizieren

Erstellen Sie eine Funktion mit zwei Eingabevariablen namens: **Zahl3** und **Zahl4**.
Die Funktion sollte die beiden Variablen miteinander multiplizieren und das Ergebnis zurückgeben.
Im Gegensatz zur vorherigen Übung sollte das Ergebnis nicht in einer separaten Variablen gespeichert werden, sondern über den eingebauten Rückgabewert der Funktion zurückgegeben werden.
Finden Sie selbst einen passenden Namen für die Funktion.

Blockdiagramm:

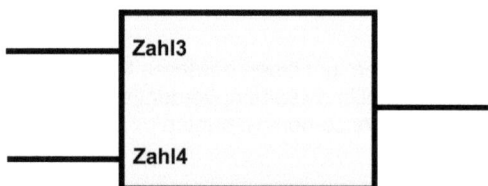

9.3 Funktionsbaustein, der zwei Zahlen addieren kann

Erstellen Sie eine Kopie der Funktion aus der vorherigen Übung, in der zwei Zahlen addiert wurden, aber jetzt sollte es ein Funktionsbaustein sein.

Zähler

Fügen Sie innerhalb des Funktionsbausteins einen Zähler hinzu, der bei jedem Aufruf der Funktion um 1 erhöht wird. Der Zählerwert sollte auch zurückgegeben werden, so dass die Funktion nun zwei Rückgabevariablen hat - die Summe der Zahlen und den Zählerwert. Finden Sie selbst einen passenden Namen für die Funktion.

Die Variablennamen sollten wie im folgenden Blockdiagramm dargestellt sein:

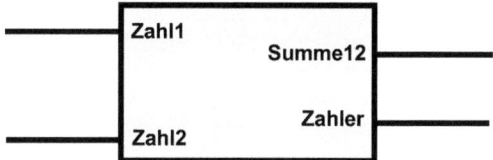

9.4 Funktion, die andere Funktionen aufruft

Eine Funktion sollte ein Ergebnis zurückgeben, bei dem zwei Zahlen entweder addiert oder miteinander multipliziert werden.

Bitte verwenden die in Übung 9.1 und 9.2.

Eingangsvariablen

Erstellen Sie eine Funktion mit drei Eingabevariablen und einem Rückgabewert: Zwei der Variablen sind Zahlen mit den Namen **Zahl5** und **Zahl6**, und die dritte ist eine Variable, die bestimmt, was mit den beiden Zahlen geschehen soll.

Die dritte Variable sollte in der Lage sein, zwei verschiedene Werte zu haben: Wenn es sich um einen Wert handelt, sollte die in Übung 9.1 erstellte Funktion aufgerufen werden, so dass die beiden Zahlen addiert werden; Andernfalls sollte die in Übung 9.2 erstellte Funktion aufgerufen werden, so dass die beiden Zahlen miteinander multipliziert werden.

Sie müssen den Datentyp für die Variable **FuncSelect** festlegen und festlegen, welche zwei verschiedenen Werte **FuncSelect** gewählt werden können, um einen Funktionsaufruf an eine der beiden Funktionen auszulösen.

Blockschaltbild der Funktion:

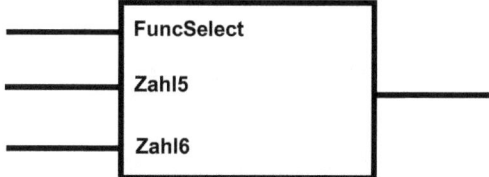

Die Funktion muss die Berechnung von **Zahl5** und **Zahl6** zurückgeben.

9.5 Funktion zur Berechnung der Geschwindigkeit ein Karton

In dieser Übung müssen Sie einen Funktionsbaustein schreiben, der die Geschwindigkeit berechnet, mit der sich eines Kartons auf einem Förderband zwischen Sensor **B1** und Sensor **B2** bewegt.

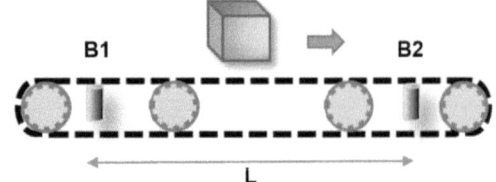

Sensor **B1** und **B2** geben ein **TRUE**-Signal aus, wenn sich die Karton vor dem Sensor befindet. Designvorschlag für einen Funktionsblock, bei dem **B1**, **B2** und die Distanz **L** Eingabewerte des Funktionsblocks sind und die Variable Geschwindigkeit (Speed) der Ausgabewert ist:

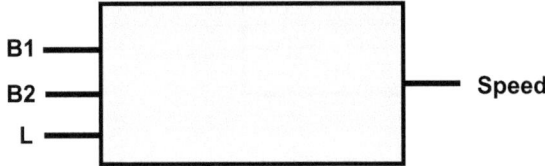

9.6 Funktionsbaustein zur Mittelung von Messwerten

Programmieren Sie einen Funktionsbaustein, der den laufenden Mittelwert der drei letzten Messungen eines analogen Sensors berechnet. Der Funktionsbaustein sollte einen Eingangswert (die Messung) und einen Ausgangswert (den Mittelwert) haben.
Hier ist die Berechnung des Durchschnitts für fünf Funktionsbausteinaufrufe, wobei die letzten Werte des Sensors 10, 12, 11 und 13 sind:

1.

0	0	0

= 0

2.

10	0	0

= 3.3

3.

12	10	0

= 7.3

4.

11	12	10

= 11

5.

13	11	12

= 12

Die Zahlen ganz rechts zeigen den berechneten Durchschnitt.

9.7 Funktionsbaustein als 24-Stunden-Uhr

Programmieren Sie einen Funktionsbaustein, der als 24-Stunden-Uhr dient.
Der Funktionsbaustein sollte auf allen Arten von SPS einsetzbar sein.
Die Zeitanzeige sollte in Sekunden (ss), Minuten (mm) und Stunden (hh) erfolgen.
Vorschlag für den Aufbau des Funktionsbausteins:

Es sollte möglich sein, die Uhrzeit auf die aktuelle Zeit einzustellen.

9.8 Umschalten zwischen 24- und 12-Stunden-Format

Entwerfen und programmieren Sie eine Funktion, die zwischen Zeitformaten wechseln kann:
12-Stunden-Format oder 24-Stunden-Format.

Design-Vorschlag:

9.9 Umrechnung zwischen Stunden und Dezimalstunden

In der Regel wird die Zeit in Stunden und Minuten angezeigt. Wenn zwei Zeiträume addiert
werden müssen, kann es von Vorteil sein, Stunden und Minuten in Dezimalstunden
umzuwandeln. Beispielsweise sollten 10 Stunden und 30 Minuten als 10,5 in Dezimalstunden
dargestellt werden.
Programmieren Sie eine Funktion, die von Stunden in Dezimalstunden konvertiert, und eine
Funktion, die von Dezimalstunden in Stunden konvertiert.

Design-Vorschlag:

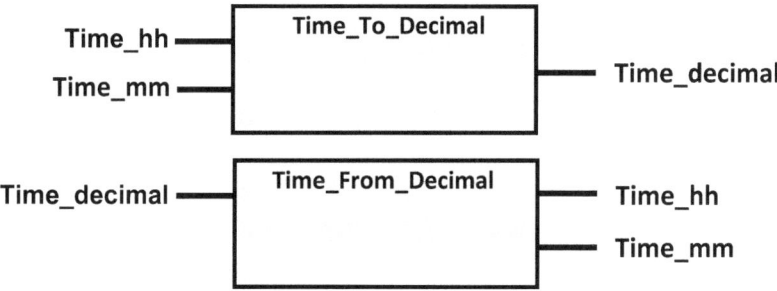

9.10 Berechnung des Volumens eines Kartons

Um das Volumen eines Kartons zu messen, werden drei analoge Sensoren und die Geschwindigkeit eines Förderbandes verwendet.
Die Kartons sind immer quadratisch und parallel auf dem Band platziert.

Entwerfen und programmieren Sie eine Funktion oder einen Funktionsbaustein, der das Volumen ein Karton berechnen kann.

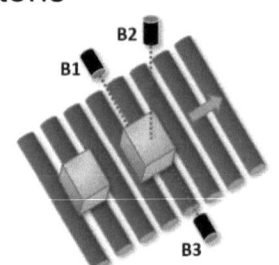

9.11 Berechnen der Anzahl der Paletten in einem Stapel

Entwerfen und programmieren Sie eine Funktion, die zählen (messen) kann, wie viele Paletten auf einem Stapel gestapelt sind.
Alle Paletten im selben Stapel sind vom gleichen Typ.
Es muss ein Abstandssensor **B1** verwendet werden, der über den Paletten platziert wird.
Die Funktion sollte die Palettengröße (PalletSize) als Eingabevariable haben, damit die Funktion problemlos für verschiedene Palettentypen wiederverwendet werden kann.

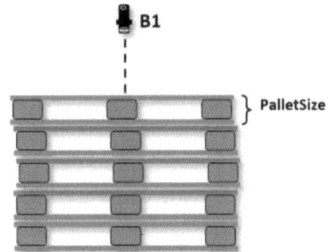

Vorgeschlagenes Design für die Funktion:

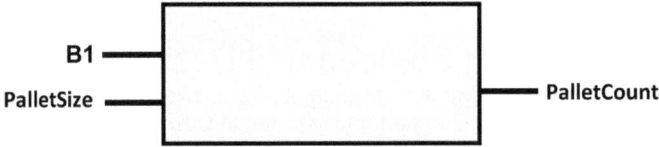

9.12 Ladestation für fünf Elektroautos

In dieser Übung müssen Sie ein SPS-Programm für eine Ladestation schreiben, die das Laden von bis zu fünf Elektroautos ermöglicht:

Die Ladestation wird von einer gemeinsamen SPS gesteuert.

Benutzer Login

Soll ein Elektroauto geladen werden, muss sich der Kunde zunächst mit seiner Kundennummer und seinem PIN-Code anmelden. Die Kunden werden im SPS-Programm erstellt und sind die Kunden wie in der Tabelle rechts dargestellt:

Sobald der Kunde eingeloggt ist, sollte er eine der fünf Ladestationen auswählen und auf „Start" drücken, um eine Ladesitzung zu starten.

Kundennummer	PIN-Nummer
00001	2356
00002	9080
00003	1356
00004	6532
00005	9012
00006	5490

Energiemessung

Ein Energiezähler zur Messung des Ladeenergieverbrauchs:

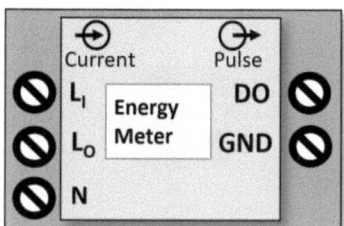

Energiezähler:

In der Schalttafel jeder Ladestation ist ein Energiezähler installiert, der den Stromverbrauch während des Ladevorgangs vom Elektroauto misst.

Der Energiezähler verfügt über einen digitalen Ausgang (DO), der mit einem digitalen Eingang einer gemeinsamen SPS verbunden ist. Es gibt insgesamt 5 Energiezähler.

Impulsfolge:

Jedes Mal, wenn ein Energiezähler 1 [Wh] misst, wird am digitalen Ausgang DO ein Impuls erzeugt, und die Impulsdauer beträgt 150 ms. Das bedeutet, dass pro 1000 Impulse 1 [kWh] verbraucht wird. Es ist also die gemeinsame SPS, die alle Impulse für einen Ladevorgang sammelt und den Gesamtverbrauch berechnet.

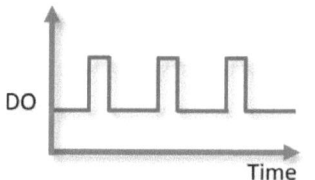

Preisberechnung

Um den für das Laden zu zahlenden Preis zu berechnen, wird die verbrauchte Menge [kWh] mit dem aktuellen Energiepreis multipliziert. Den aktuellen Energiepreis [kWh] finden Sie im Internet.

Wenn der Kunde die „Stopp"-Taste drückt, wird der Ladevorgang gestoppt und der Preis angezeigt, bis sich der nächste Kunde anmeldet.

Sie müssen die Benutzeroberfläche selbst entwerfen.

Übung

Entwerfen und schreiben Sie ein SPS-Programm für die Ladestation.

10 Programmierung mit STRING und STRUCT

Dieses Kapitel enthält Übungen, in denen Sie lernen, STRING in einem SPS-Programm zu verwenden. Darüber hinaus gibt es Übungen mit STRUCT und ENUM (aufzählen).

10.1 Alarmcodes von einem Frequenzumrichter (FU)

Ein Frequenzumrichter (FU) wird wie dargestellt über einen Feldbus mit einer SPS verbunden:

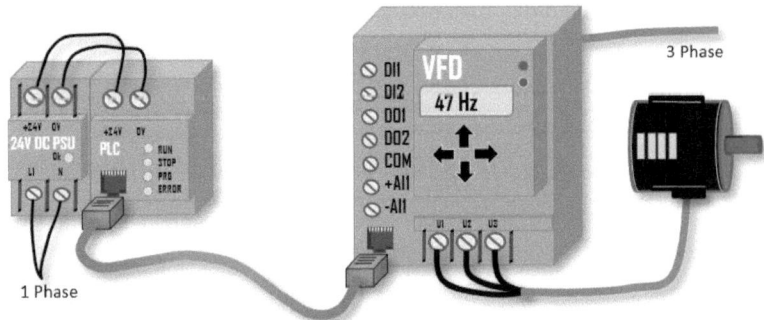

Beschreibung

Der Frequenzumrichter (FU) verfügt über eine interne Alarmüberwachung für eine Vielzahl von Werten und Messwerten. Jeder Alarm hat einen Alarmcode (eine Nummer), und alle Alarmcodes werden im Frequenzumrichter (FU) gesammelt und in einem STRING an die SPS gesendet.

Der Inhalt eines STRINGs könnte so aussehen:

"120;34;30;1;45;30;12;10;90;30;130;10"

Im gezeigten Beispiel gibt es 12 Alarmcodes, es kann jedoch in jedem STRING eine unterschiedliche Anzahl von Alarmcodes geben. Die Alarmcodes werden durch Semikolons getrennt, und wie man sieht, kann ein einzelner Alarmcode mehrmals vorkommen.

Übung

Die Lösung der Übung sollte zwei Lösungsvorschläge enthalten:

A) Um herauszufinden, wie oft der Alarmcode „30" auftritt, sollte die standardmäßig integrierte FIND-Funktion verwendet werden.

B) Alarmcodes werden in ein ARRAY verschoben und eine FOR-Schleife wird verwendet, um das gesamte ARRAY zu durchlaufen und zu zählen, wie oft der Alarmcode „30" auftritt.

.

10.2 Etikett für Hähnchen entwerfen und drucken

In dieser Übung müssen Sie ein SPS-Programm entwickeln, das ein Etikett für ein Huhn drucken kann.

Das Huhn wird in eine Plastikschale gelegt ❶ und auf einem Förderband auf eine Waage transportiert ❷, dort wird es gewogen. Dann kann das Etikett für das Huhn ausgedruckt werden ❸:

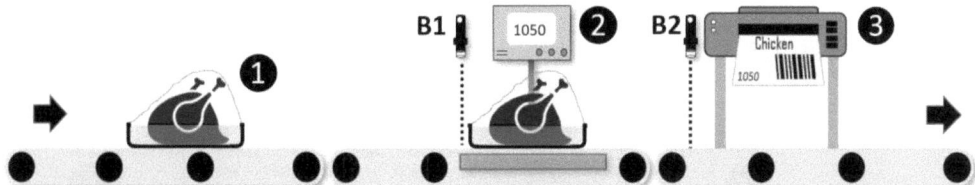

Die Waage ❷

Das Huhn ist zum Wiegen bereit, wenn das Signal des digitalen Sensors **B1** von **TRUE** auf **FALSE** wechselt.

Die Waage verfügt über einen 4-20 mA Analogausgang, der das aktuelle Gewicht anzeigt.

Messbereich: 0 bis 2000 Gramm

Etikettendrucker ❸

Der Etikettendrucker ist über einen Feldbus mit der SPS verbunden.

Im Feldbus-Protokoll stehen für den Etikettendrucker folgende Variablen zur Verfügung:

Variablenname (TAG)	Datentyp	Beschreibung
Textzeile1	STRING	Max. 40 Zeichen.
Textzeile2	STRING	Max. 40 Zeichen.
Textzeile4	STRING	Max. 40 Zeichen.
Textzeile1	STRING	Max. 40 Zeichen.
WriteText	BOOL	Drucken bei einer positiven Flanke

Die Variablen **TextLine1** bis **TextLine4** müssen mit dem Text gefüllt werden, der auf dem Etikett platziert werden soll, und die Daten sollen an den Drucker gesendet werden, wenn die Variable **WriteText** auf **TRUE** gesetzt ist. Der Drucker druckt ein Etikett bei einer positiven Flanke der **WriteText**-Variablen. Das Etikett sollte gedruckt werden, wenn das Huhn am Drucker ist. Das Huhn ist am Drucker, wenn das Signal des Sensors **B2** von **TRUE** auf **FALSE** wechselt.

Mindestanforderungen an den Text auf dem Etikett (max. vierzeiliger Text):

- Das aktuelle Gewicht des Huhns.
- Das Verpackungsdatum (der aktuelle Tag und die aktuelle Uhrzeit).
- Mindesthaltbarkeitsdatum: 10 Tage ab dem aktuellen Datum.

Übung

Entwerfen Sie ein Etikett für das Huhn und schreiben Sie das SPS-Programm zum Drucken.

10.3 Sortieren von Paketen mittels Vision-Kamera

In dieser Übung müssen Sie ein SPS-Programm zum Sortieren von Paketen schreiben.
Das Setup ist unten dargestellt:

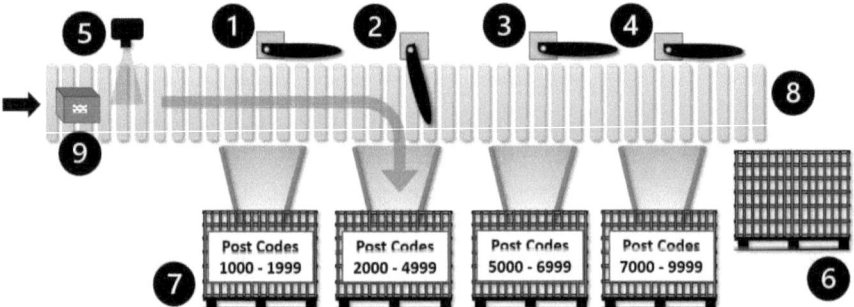

Beschreibung

Der Transport der Pakete erfolgt auf einem Förderband (8). Ein Motor (Aktuator) mit
beweglichem Arm (1 - 4) ist ausschwenkbar und eine Metallrutsche sorgt dafür, dass das Paket
in den richtigen Behälter gelangt. Jedes Paket (9) trägt ein Etikett mit einer Postleitzahl (PLZ),
die im Bereich von 0000 bis 99999 liegen kann.

Vision-Kamera

Eine Vision-Kamera (5) kann die Postleitzahl auf dem Paket direkt lesen, wie in den drei
Bildern unten gezeigt:

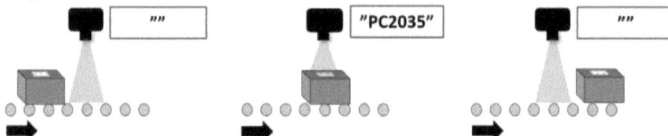

Eine Vision-Kamera (5) kann die Postleitzahl auf dem Paket direkt lesen, wie in den drei
Bildern unten gezeigt:

Die Vision-Kamera ist über ein Netzwerkkabel (Feldbus) mit der SPS verbunden, daher kann
die Postleitzahl direkt im SPS-Programm aus einer Variablen gelesen werden, die den
Datentyp STRING hat.

Wenn die Vision-Kamera keine Postleitzahl auf einem Paket erkennen kann, ist die STRING-
Variable leer („"). Dies bedeutet, dass die STRING-Variable auf „" gesetzt ist.

Ein Paket mit der Postleitzahl „23503" sollte in Container Nummer 2 eingelegt werden, da
dieser Container Pakete mit einer Postleitzahl im Bereich von 20000 bis 49999 enthält.

Pakete ohne Adressaufkleber, ohne Postleitzahl und mit unbekannter Postleitzahl gelangen in
den letzten Container (6), der sich am Ende des Förderbandes befindet. Postleitzahlen wie
„AB000" und „00000" sind somit ungültige Werte.

Es befindet sich jeweils nur ein Paket auf dem Förderband. Vom Einlesen der Postleitzahl
durch die Vision-Kamera bis zum Einlegen des Pakets in den richtigen Behälter vergehen 10
Sekunden. Danach muss der bewegliche Arm zurückgesetzt werden, damit das nächste Paket
vorbeifahren kann.

Übung

Schreiben Sie ein SPS-Programm, das die Pakete in den richtigen Container sortiert.

10.4 ENUM für einen Motor (OperatingState)

Ein Motor kann sich in diesen verschiedenen Betriebszuständen befinden:

Stop, Starting, Run, Stopping, Alarm, Service, None, Manuel

Diese werden in einer ENUM gesammelt, die den Namen **OperatingState** tragen sollte.
Dabei ist der Status None als Standardwert festgelegt.
Beachten Sie, dass nicht alle SPS-Hersteller und SPS-Marken die Verwendung von ENUM unterstützen.
Wenn ENUM in der von Ihnen verwendeten SPS nicht möglich ist, können Sie CONST verwenden.

Übung
Erstellen Sie eine ENUM gemäß den genannten Anforderungen.

10.5 STRUCT für einen Motor (MotorType)

Eine STRUCT namens MotorType sollte die folgenden Werte enthalten:

TAGName, MotorID, Power, **OperatingState**, Temperature, Hz, AlarmBit

Der Wert **OperatingState** wurde in der vorherigen Übung (10.4) definiert.

Sie müssen selbst die passenden Datentypen finden und sinnvolle Standardwerte auswählen.

Übung
Erstellen Sie eine STRUCT gemäß den genannten Anforderungen.

10.6 Inbetriebnahme und Betrieb von 10 Motoren

Eine kleine Anlage hat 10 Motoren:

Erstellen Sie ein ARRAY mit 10 Motoren vom Typ **MotorType**. (Erstellt in Übung 10.5).

Übung
Zuerst sollte der Motor für 2 Sekunden in den Startzustand (**Starting**) versetzt werden, dann sollte er in den Laufzustand (**Run**) versetzt werden. Zwischen jedem Versetzen eines Motors in den Startzustand (**Starting**) sollte eine Verzögerung von 1 Sekunde liegen, damit die Motoren nicht gleichzeitig starten und die Stromversorgung überlasten.

Ein Motor darf nicht in den **Starting-** oder **Run**-Zustand wechseln, wenn das **AlarmBit TRUE** ist. Ein Motor muss sofort stoppen, wenn das **AlarmBit TRUE** wird.

Ein gestoppter Motor darf erst dann wieder starten, wenn alle 10 Motoren erneut gestartet sind.

11 Verschiedene komplexe Übungen

Dieses Kapitel enthält verschiedene Arten von Programmierübungen für eine SPS. Viele der Übungen sind komplex und erfordern viel Erfahrung, sodass sie sich vor allem für erfahrene SPS-Programmierer eignen, die auf der Suche nach größeren Herausforderungen sind. Einige der Übungen erfordern Spezifikation, Komponentenauswahl und detaillierte Programmgestaltung.

11.1 Geschwindigkeitsmessung von LKWs

In dem Unternehmen, in dem Sie ein Praktikum absolvieren, gibt es viele LKWs (Lastwagen), die zu schnell fahren. Daher wird Ihnen die Aufgabe übertragen, ein SPS-Programm zu schreiben, das die aktuelle Geschwindigkeit jedes LKWs messen und zählen kann, wie viele LKWs die Geschwindigkeit überschreiten.

Beschreibung

Die aktuelle Geschwindigkeit wird über zwei Sensoren gemessen und die gemessene Geschwindigkeit soll auf einem großen Display angezeigt werden.

Nachfolgend finden Sie eine Abbildung:

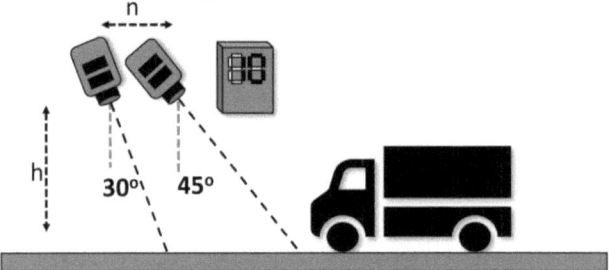

Der Abstand vom LKW zu den beiden Sensoren ist die Höhe h, wobei h 4 Meter beträgt.

Der Abstand zwischen den beiden Sensoren beträgt n, wobei n 0,5 Meter beträgt.

Die beiden Sensoren sind in einem Winkel von 30 Grad bzw. 45 Grad relativ zur Vertikalen positioniert.

Jeder Sensor gibt ein **TRUE**-Signal aus, wenn sich die Vorderseite des LKW innerhalb des Messbereichs des Sensors befindet. Dies ist in der Abbildung oben durch eine gestrichelte Linie dargestellt.

Geschwindigkeit anzeigen

Um anzuzeigen, wie schnell ein Lkw fährt, kommt ein großes Display zum Einsatz. Diese Anzeige besteht aus zwei 7-Segment-Anzeigen.

Eine 7-Segment-Anzeige kann mit 7 Lampen (LED-Licht) Zahlen von 0 bis 9 anzeigen:

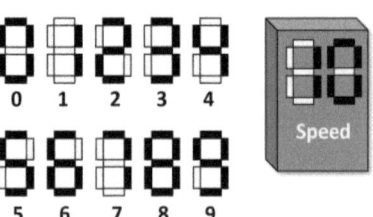

Wenn bei einer 7-Segment-Anzeige alle Lampen eingeschaltet sind, wird die Zahl 8 angezeigt.

Bei Verwendung von zwei 7-Segment-Anzeigen können Zahlen zwischen 0 und 99 angezeigt werden. Das obige Beispiel zeigt also die Zahl 10.

Darüber hinaus gibt es ein kleines Bedienfeld, das Folgendes enthält:

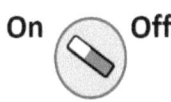

Manueller Schalter zum Ein- und Ausschalten der Steuerung und des großen Displays.

Manueller Schalter zum Umschalten zwischen der Anzeige der Geschwindigkeit in [km/h] oder [mph].

Analoges Drehpotentiometer zur Einstellung der Höchstgeschwindigkeit, die ein LKW fahren darf.

Beim Drehen des Potentiometers wird die maximale Geschwindigkeit auf dem Display angezeigt, so dass der Benutzer die eingestellte maximale Geschwindigkeit sehen kann. Nach 10 Sekunden erlischt die Anzeige, die maximale Geschwindigkeit ist aber weiterhin im SPS-Programm gespeichert.

Es kann ein Wert zwischen 0 und 99 eingestellt werden.

Fährt der Lkw schneller als die Höchstgeschwindigkeit, sollten beide Ziffern der 7-Segment-Anzeige blinken, um den Lkw-Fahrer darauf aufmerksam zu machen, dass er zu schnell fährt.

Jedes Mal, wenn ein LKW zu schnell gefahren ist, soll ein interner Zähler im SPS-Programm dies registrieren und so die Anzahl der zu schnell gefahrenen LKWs anzeigen.

Hierbei handelt es sich um einen Taster, mit dem die Anzahl der zu schnell gefahrenen Lkw angezeigt wird.

Beim Drücken der Taste wird die Anzahl der LKWs angezeigt, die zu schnell gefahren sind. Die Nummer wird auf dem großen Display angezeigt.

Wird die Taste 10 Sekunden lang gedrückt, wird der interne LKW-Zähler auf 0 zurückgesetzt.

Wenn die Anzahl der zu schnell gefahrenen Lkw den Wert 99 überschreitet, wird 99 angezeigt.

In dieser Übung müssen Sie selbst sinnvolle Namen für Variablen (TAGS) definieren.

Übung

Schreiben Sie ein SPS-Programm basierend auf der Beschreibung.

11.2 Steuerung der Pumpendrehzahl von PWM

Die Drehzahl der Pumpe M1 soll über eine SPS gesteuert werden. Dies geschieht über ein digitales Signal von der SPS, da die Pumpe weder einen Analogeingang noch die Möglichkeit eines Feldbusanschlusses hat. Das digitale Signal ist eine kostengünstige Methode, um eine SPS in die Lage zu versetzen, eine Pumpe zu steuern. Bei der Pumpe handelt es sich um eine Umwälzpumpe, die z. B. in Heizungsanlagen in Gebäuden zur Förderung von Wasser eingesetzt wird.

Die Methode zur Steuerung der Pumpengeschwindigkeit bezeichnet man als PWM (Pulsweitenmodulation). Das bedeutet, dass die Impulsbreite des digitalen Signals geändert wird, wenn die Geschwindigkeit angepasst werden soll.

Dies wird im Folgenden anhand der Zeitdiagramme ❶ bis ❺ veranschaulicht:

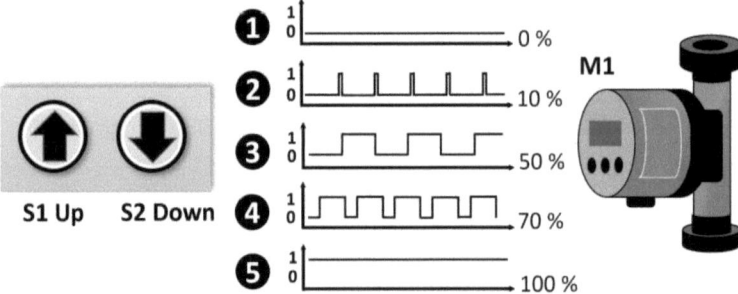

Das obige Timing-Diagramm zeigt:

❶ Wenn das digitale Signal von der SPS die ganze Zeit 0 (**FALSE**) ist, wird die Pumpe gestoppt.

❷ Hier ist das Signal für 10 % der Zeit 1 (**TRUE**). Das bedeutet, dass die Pumpe mit 10 % der maximalen Drehzahl läuft.

❸ Hier läuft die Pumpe mit der Hälfte der maximalen Drehzahl.

❹ Hier läuft die Pumpe mit 70 % der maximalen Drehzahl.

❺ Wenn das digitale Signal die ganze Zeit 1 (**TRUE**) ist, läuft die Pumpe mit maximaler Drehzahl.

Benutzerschnittstelle

Um die Geschwindigkeit zu ändern, muss die SPS zwei manuelle Drucktasten verwenden, **S1** und **S2**. Wenn der Druckknopf **S1** gedrückt wird, sollte sich die Geschwindigkeit erhöhen und schließlich den Höchstwert von 100 % erreichen. Wenn **S2** gedrückt wird, sollte die Drehzahl sinken und schließlich 0 % erreichen, wodurch die Pumpe vollständig ausgeschaltet wird.

Übung

Schreiben Sie ein SPS-Programm auf der Grundlage der Beschreibung.

11.3 Förderband mit Nachlauf

In dieser Übung entwickeln Sie ein SPS-Programm, das die Steuerung von drei Förderbändern übernehmen kann.

Es gibt ein Hauptförderband, **M1** und **M2**, sowie ein Seitenförderband, **M3**.

Abbildung:

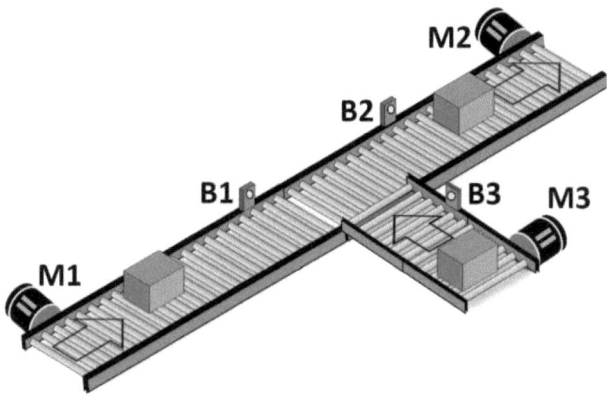

Beschreibung

Jedes Förderband wird von einem Motor gesteuert. Der Motor läuft, wenn er ein digitales **TRUE**-Signal von der SPS erhält, und der Motor stoppt, wenn das digitale Signal **FALSE** ist.
Jedes Förderband ist mit einem Sensor ausgestattet, der ein **TRUE**-Signal abgibt, wenn sich ein Packstück vor dem Sensor befindet. Wenn sich kein Packstück vor dem Sensor befindet, gibt der Sensor ein **FALSE**-Signal aus.
Alle drei Motoren sind auf die gleiche Geschwindigkeit eingestellt.

Übung

Die Pakete vom Seitenförderband **M3** sollten auf das Hauptförderband übergeben werden, ohne mit einem Packstück zu kollidieren, das sich von Förderband **M1** auf Förderband **M2** bewegt.
Schreiben Sie eine Steuerungsspezifikation, die beschreibt, wie die SPS-Steuerung funktionieren soll. Sie sollte die notwendigen Beschreibungen, Berechnungen und Informationen enthalten, aus denen direkt ein SPS-Programm geschrieben werden kann.
Danach schreiben Sie ein SPS-Programm auf der Grundlage der Steuerungsspezifikation.

11.4 Zentrifuge mit Rampensteuerung der Drehzahl

Eine Zentrifuge soll über eine SPS gesteuert werden. Eine Zentrifuge ist ein kreisförmiger Behälter, der sich schnell dreht und in der Industrie häufig zur Trennung von Flüssigkeiten verwendet wird. Sie funktioniert ähnlich wie eine Waschmaschine, die das Wasser aus der Wäsche schleudert.

Abbildung:

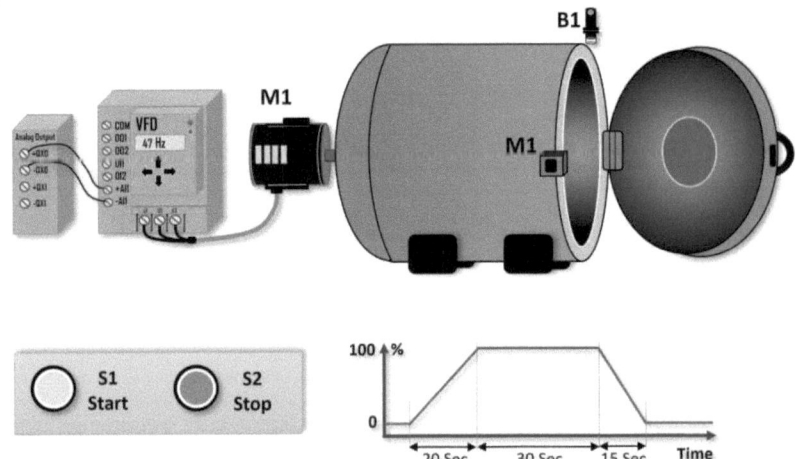

Beschreibung

Ein großer Motor **M1** wird zum Drehen der Zentrifuge verwendet. Der Motor wird über einen Frequenzumrichter (FU) gesteuert, der wiederum über ein analoges Signal gesteuert wird.

Aufgrund der Größe der Zentrifuge ist eine Rampensteuerung erforderlich, die dafür sorgt, dass die Drehzahl langsam startet und stoppt.

Es dauert 20 Sekunden, bis die Rotation die volle Geschwindigkeit erreicht. Dann läuft sie 30 Sekunden lang mit voller Geschwindigkeit und wird dann 15 Sekunden lang reduziert.

Die Zentrifuge darf nur anlaufen, wenn der Türschaltkontakt **B1** ein **TRUE**-Signal gibt und die Türverriegelung **M1** auf **TRUE** gestellt ist.

Wenn die Zentrifuge angehalten hat, wird der Türschalterkontakt auf **FALSE** gesetzt, so dass die Tür geöffnet werden kann.

Benutzerinterface

Zum Starten der Zentrifuge wird der Druckknopf **S1** verwendet. Die Zentrifuge stoppt automatisch nach 65 Sekunden.

Die Zentrifuge kann jederzeit mit dem Druckknopf **S2** angehalten werden. Wenn **S2** gedrückt wird, sollte sie abwärts laufen, da eine Zentrifuge kaputt gehen kann, wenn sie sofort stoppt.

Übung

Schreiben Sie ein SPS-Programm auf der Grundlage der Beschreibung.

11.5 Parkhaus mit Überwachungskamera

Ein modernes Parkhaus nutzt das Nummernschild des Fahrzeugs, um die Parkgebühr zu berechnen.

Beschreibung

Das als automatische Nummernschilderkennung (Automatic Number Plate Recognition - ANPR) bekannte System ist eine moderne und benutzerfreundliche Alternative zu herkömmlichen Parkschranken. Es bietet die gleichen Vorteile wie ein herkömmliches System, ersetzt aber die Schranken durch Kameras. So können Autofahrer in das Parkhaus ein- und ausfahren, ohne an einer Schranke auf ein Ticket warten zu müssen.

Darstellung eines typischen Parkhauses:

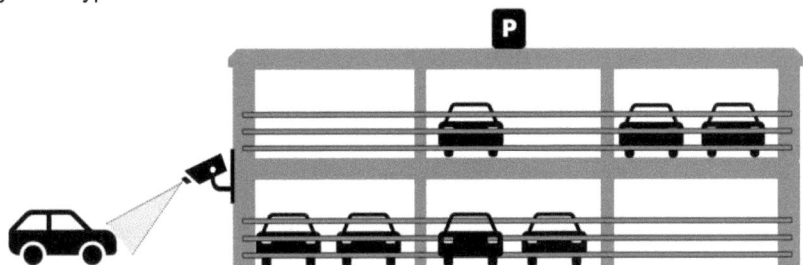

Bei der Einfahrt in das Parkhaus wird das Nummernschild von einer Kamera gescannt. Danach wird dem Fahrer ein freier Parkplatz im Parkhaus angezeigt.

Vor dem Verlassen des Parkhauses muss der Fahrer an einem Parkscheinautomaten bezahlen.

Bezahlung

Die ersten 30 Minuten des Parkens sind kostenlos. Danach kostet es 0,5 EURO pro Minute, mit einer Mindestgebühr von 1 EUR. Die Zeit beginnt in dem Moment, in dem die Kamera das Nummernschild des einfahrenden Fahrzeugs gescannt hat. Die Zeit endet, wenn der Fahrer für das Parken bezahlt hat. Nach dem Bezahlen muss das Parkhaus innerhalb von 15 Minuten wieder verlassen werden. An der Ausfahrt befindet sich eine Kamera, die registriert, wenn der Fahrer das Parkhaus verlassen hat.

Wenn der Fahrer nach 24 Stunden nicht bezahlt hat, muss eine Gebühr von 100 EURO entrichtet werden.

Im Parkhaus gibt es 100 Parkplätze.

Das Nummernschild wird von einer Kamera gescannt, die über einen Feldbus mit der SPS verbunden ist. Der Text des Nummernschildes wird in einer STRING-Variablen gespeichert.

Auf dem Ticketautomaten befindet sich ein Bedienfeld, an dem der Fahrer für das Parken bezahlen kann.

Übung

Entwickeln Sie ein Programmdesign und schlagen Sie eine HMI (Benutzeroberfläche für Fahrkartenautomaten) vor.

Schreiben Sie dann ein SPS-Programm für das Parkhaus.

11.6 Sammlung von Abwässern aus einer Fabrik

Diese Anlage besteht aus Behältern, die für die Sammlung von Abwasser aus einer Fabrik verwendet werden.
Der Aufbau ist wie folgt:

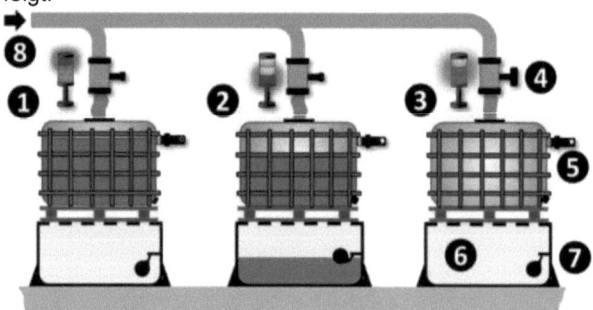

Beschreibung

Das Abwasser wird in Palettentanks gesammelt, damit es zu einer Kläranlage transportiert werden kann, die das Wasser ordnungsgemäß und umweltgerecht reinigen kann. Es gibt drei Palettentanks (1, 2 und 3), die über eine gemeinsame Leitung (8) mit Abwasser gefüllt werden.

Der Ablauf zeigt:

Tank (1) ist gefüllt, Tank (2) hat Flüssigkeit in der Überlaufwanne, und Tank (3) ist leer.

Ein Ventil (4) über jedem Palettentank ist geöffnet, wenn der Palettentank Abwasser aufnehmen soll.

Es wird jeweils nur ein Palettentank gefüllt.

Jeder Palettentank hat einen seitlich angebrachten Sensor (5), der erkennt, ob der Behälter mit Abwasser gefüllt ist. Der Sensor ist ein normalerweise geschlossener Kontakt (NC).

Wenn der Behälter gefüllt ist, muss das Ventil (4) geschlossen werden, damit kein weiteres Abwasser in den Behälter eingefüllt wird.

Auffangwannen

Unter jedem Palettentank befindet sich eine Auffangwanne (6), die dazu dient, Abwasser aufzufangen, wenn der Palettentank undicht ist. Die Auffangwanne hat einen Schwimmerschalter (7), der ein Öffnerkontakt ist. Wenn der Schwimmerschalter Flüssigkeit feststellt, sollte das Ventil (4) schließen, damit kein weiteres Abwasser in den Palettentank eingefüllt wird.

Signalturm

Jeder Behälter hat eine Signalturm mit drei Lampen, d.h.:

Das Warnlicht leuchtet auf, wenn das Ventil geschlossen und der Palettentank gefüllt ist.
Das Licht leuchtet, wenn das Ventil geöffnet ist und der Palettentank gefüllt wird.
Das Licht leuchtet, wenn sich Flüssigkeit in der Auffangschale befindet.

Sie sollten Ihr eigenes Bedienfeld entwerfen und die Namen der Variablen selbst festlegen.

Übung

Schreiben Sie ein SPS-Programm, das die oben genannten Anforderungen erfüllt.

11.7 Steuerung mehrerer Förderbänder

In dieser Übung entwerfen und schreiben Sie ein SPS-Programm für eine kleine Anlage, die aus drei Förderbändern für den Transport der Palette besteht.

Darstellung des kleinen Systems:

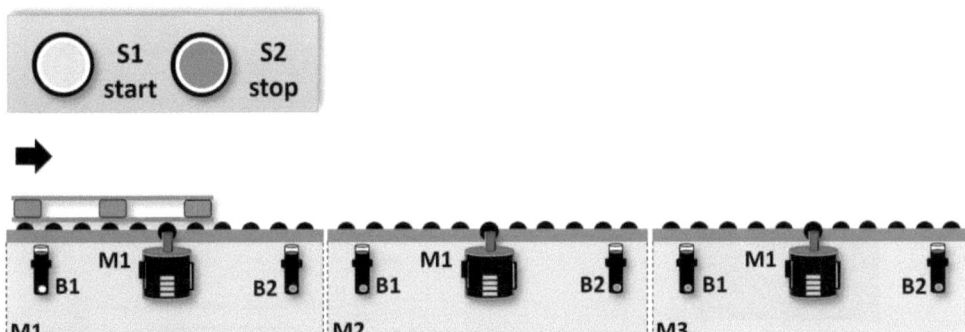

Modulare Förderanlage
Die drei Förderbänder sind ähnlich aufgebaut und jeweils mit einem Motor **M1**, der das Förderband antreibt, und zwei Sensoren **B1** und **B2** ausgestattet. Der Motor läuft mit einer konstanten Geschwindigkeit, wenn an **M1** ein **TRUE**-Signal anliegt. Jeder der beiden Sensoren gibt ein **TRUE**-Signal, wenn sich eine Palette direkt über dem Sensor befindet.
Die Förderbänder sind alle identisch aufgebaut, um eine modulare Erweiterung des Gesamtsystems zu ermöglichen und Kosten zu sparen.

Funktion zur Energieeinsparung
Um Energie zu sparen, sollte ein Förderband nur dann in Betrieb sein, wenn eine Palette zu bewegen ist. Das bedeutet, dass ein Förderband nur bei einer steigenden Flanke von Sensor **B2** starten und das vorherige Förderband bei einer fallenden Flanke von Sensor **B1** anhalten sollte.

Starten und Anhalten des Systems
Alle drei Förderbänder werden von einer gemeinsamen SPS gesteuert. Die kleine Anlage wird mit dem manuellen Taster **S1** gestartet und mit dem Stopptaster **S2** gestoppt. Wenn die Stopptaste **S2** gedrückt wird, sollten alle Förderbänder anhalten. Nach Betätigung des Starttasters **S1** soll der Betrieb wieder aufgenommen werden können, auch wenn sich eine Palette zwischen Sensor **B1** und **B2** auf einem Förderband befindet.

Übung
Entwickeln und schreiben Sie ein SPS-Programm zur Steuerung des kleinen Systems.

11.8 Programmierung einer Waschmaschine

In dieser Übung sollen Sie ein SPS-Programm für eine Waschmaschine entwerfen und schreiben. Die Waschmaschine wird zum Waschen von Kleidung verwendet.

Auf der rechten Seite ist ein Modell der Waschmaschine im Querschnitt abgebildet:

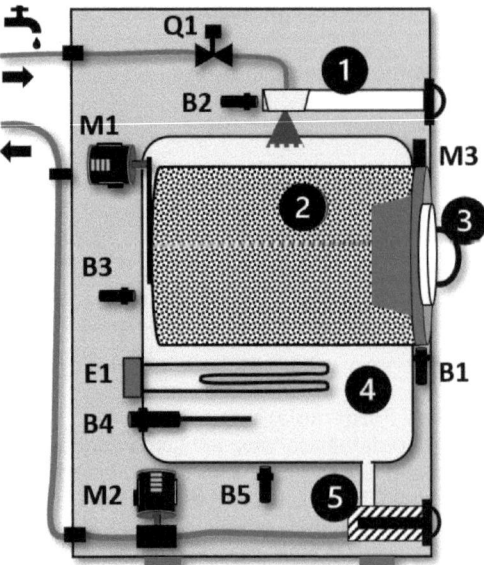

Erläuterungen zu den Zahlen:

1 Seifenschublade, die Seife für einen Waschgang enthält. (Soap Dispenser Box).
Die Seifenschublade wird herausgezogen, wenn sie nachgefüllt werden muss.
Wenn der Sensor **B2** ein **TRUE**-Signal gibt, ist die Seifenschublade korrekt geschlossen und die Waschmaschine kann starten.
Wenn **Q1** ein **TRUE**-Signal erhält, ist das Ventil geöffnet. Das bedeutet, dass sauberes Wasser durch die Seifenschublade nach unten fließen und die Seife in die Trommel spülen kann.

2 In dieser Trommel wird die schmutzige Wäsche gewaschen.

3 Dies ist die Tür zur Trommel.
Der Sensor **B1** gibt ein **TRUE**-Signal, wenn die Tür geschlossen ist.
Der Motor **M3** verriegelt die Tür, so dass sie nicht geöffnet werden kann, wenn die Waschmaschine in Betrieb ist.
Der Motor **M1** darf nicht anlaufen, wenn **B1** ein **FALSE**-Signal gibt (Tür offen).

4 Bereich, der mit Wasser gefüllt ist, wenn die Waschmaschine wäscht.
Wenn das Ventil **Q1** ein **TRUE**-Signal erhält, fließt Wasser in die Waschmaschine.
Der Füllstandssensor **B5** gibt ein **TRUE**-Signal, wenn sich kein Wasser in der Trommel befindet.
Der Füllstandssensor **B3** gibt ein **TRUE**-Signal, wenn die Trommel mit Wasser gefüllt ist.
Motor **M2** pumpt das Schmutzwasser aus der Trommel in den Abfluss.

5 Ein Reinigungsfilter sorgt dafür, dass große Partikel im Schmutzwasser zurückgehalten werden und die Pumpe **M2** nicht beschädigt wird.

Heizelement

Das Wasser in der Trommel wird mit einem Heizelement **E1** erhitzt. Ein Temperatursensor **B4** misst die Temperatur des Wassers. Das Heizelement sollte nur eingeschaltet werden, wenn der Sensor **B3** Wasser erkennt (ein **TRUE**-Signal gibt), da das fehlende Wasser das Heizelement beschädigen kann.

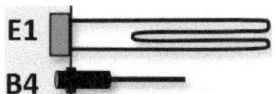

Trommelmotor

Ein Motor **M1** treibt die Waschtrommel an, so dass die Wäsche in der Trommel gewaschen werden kann. Der Motor kann mit verschiedenen Geschwindigkeiten und sowohl in Vorwärts- als auch in Rückwärtsrichtung arbeiten, was eine gründliche Reinigung und Zentrifugierung (Motor dreht sich schnell) gewährleistet. Der Motor **M1** darf nur anlaufen, wenn die Tür geschlossen ist.

Waschprogramme

Die folgenden Waschprogramme sollten verfügbar sein:

Programm	Bezeichnung	Temperatur	Max. U/min	Zeit in Minuten
1	Normale Wäsche	40	1400	120
2	Kochwäsche	60	1600	150
3	Feinwäsche	30	800	60
4	Sparprogramm	40	1200	120
5	Spülen	-	1000	10
6	Schnellwäsche	40	1600	30
7	Abpumpen	-	-	-

Dabei steht U/min für Umdrehungen pro Minute.

Alarmüberwachung

Die folgenden Alarme sollten im SPS-Programm vorhanden sein:

Alarm	Text	Beschreibung
A01	kein Wasser	Das Ventil **Q1** ist geöffnet, aber nach einiger Zeit kommt kein **TRUE**-Signal vom Niveausensor **B3**.
A02	Fehler in der Heizung	Das Heizelement **E1** ist eingeschaltet, aber der Temperatursensor **B4** stellt keinen Temperaturanstieg fest.
A03	Pumpenfehler oder Filterfehler	Der Pumpenmotor **M2** wird eingeschaltet, aber nach einiger Zeit zeigt der Niveausensor **B5** immer noch Wasser an.
A04	Sensor Fehler	Der Niveausensor **B3** erkennt Wasser, der Niveausensor **B5** jedoch nicht.

Sie müssen das Bedienpult selbst entwerfen und beschreiben, wie der Benutzer Waschprogramme auswählen und die Waschmaschine starten und stoppen kann. Es sollte auch möglich sein, Alarme auf dem Bedienfeld anzuzeigen.

Die elektrischen Signale für den Motor **M1** müssen von Ihnen definiert und beschrieben werden.

Übung

Entwerfen Sie ein SPS-Programm und schreiben Sie dann das SPS-Programm für die Waschmaschine.

11.9 SPS-Programm für eine Spritzgussmaschine

In dieser Übung erstellen Sie ein SPS-Programm für eine Spritzgussmaschine:

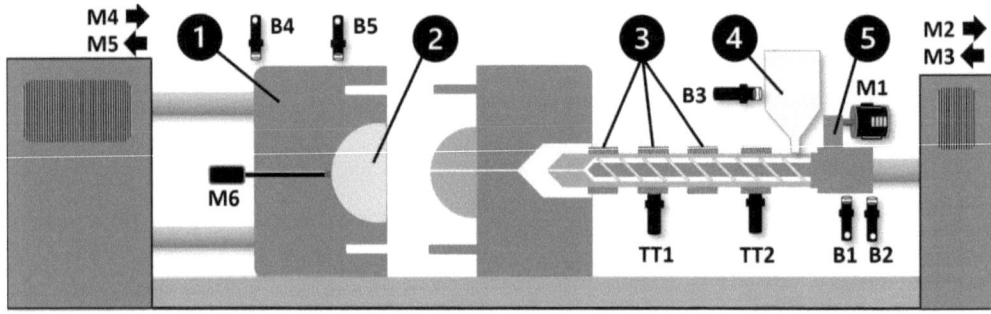

Die Maschine ist eine vereinfachte Version einer echten Spritzgussmaschine, da eine echte Spritzgussmaschine meist über mehr Sensoren und mechanische Teile verfügt als in der Abbildung oben gezeigt.

Plastikschale
Die Maschine wird verwendet, um eine runde Kunststoffschale wie diese zu formen (Querschnitt der Schale):

Um eine Kunststoffschale zu formen, werden kleine Kunststoffstücke (Kunststoffgranulat) benötigt, die in den Trichter ❹ gefüllt werden. Heizelemente ❸ erwärmen und schmelzen die kleinen Kunststoffstücke und verwandeln den Kunststoff in eine flüssige Masse. Die Einspritzeinheit ❺ dient dazu, die flüssige Kunststoffmasse in die Form ❷ zu spritzen.

Bedienpult
Die Maschine ist mit einem Bedienpult ausgestattet, das zur Bedienung der Maschine dient (siehe Abbildung rechts):

Durch Drücken des Startschalters **S1** sollte die Maschine starten.

Durch Drücken des Stoppschalters **S2** wird die Maschine gestoppt, und die folgenden Maßnahmen müssen durchgeführt werden, um die Maschine in die Ausgangsposition zurückzubringen:

1) Die Form ❶ wird nach links geschoben.
2) Der Motor **M1**, der die Schnecke steuert, wird angehalten.
3) Die Einspritzeinheit ❺ wird nach rechts geschoben.

Beschreibung der Maschine:

Nr.	Beschreibung der Maschine:
❶	Verschiebbare Form: Die gesamte bewegliche Form fährt nach vorne rechts, wenn das Signal **M4 TRUE** ist und nach hinten, wenn **M5 TRUE** ist. **M4** und **M5** dürfen nicht gleichzeitig auf **TRUE** sein. Liegt ein **TRUE**-Signal vom Sensor **B4** vor, wird das Werkzeug ganz nach links geschoben. Wenn der Sensor **B5** ein **FALSE**-Signal liefert, wird die Form ganz nach rechts geschoben und ist bereit für eine neue Form.
❷	Dies ist die Form, die mit flüssigem, heißem Kunststoff gefüllt werden muss. Sobald der flüssige Kunststoff abgekühlt und nach 30 Sekunden fest geworden ist, kann die Kunststoffschale mit einem elektrischen Dorn **M6** aus der Form gelöst werden.
❸	Elektrisches Heizelement zum Erhitzen und Schmelzen des Kunststoffgranulats. Die Temperatur wird mit zwei Sensoren gemessen, **TT1** (Temperaturtransmit.) und **TT2**. Beide Sensoren müssen 200 Grad Celsius messen, damit der Kunststoff geschmolzen wird und der Formgebungsprozess beginnen kann.
❹	Trichter für Kunststoffgranulat. Wenn sich nicht genügend Kunststoffgranulat im Trichter befindet, gibt der Sensor **B3** ein **TRUE**-Signal und die Maschine muss anhalten. Die Maschine darf erst wieder gestartet werden, wenn mehr Kunststoffgranulat in den Trichter eingefüllt wurde.
❺	Die Einspritzeinheit kann mit dem Motor **M3** vorwärts zum Werkzeug und mit dem Motor **M2** rückwärts geschoben werden. Der Motor **M1** treibt eine Förderschnecke an, die den flüssigen Kunststoff in die Form drückt.

Nachfolgend sind die Schritte aufgeführt, die zum Formen einer Kunststoffschale erforderlich sind:

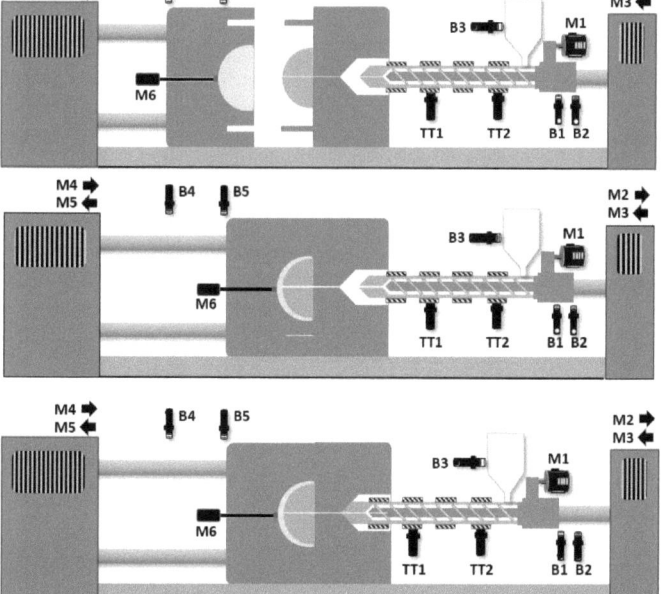

Die Maschine ist startbereit, wenn der manuelle Startschalter **S1** auf dem Bedienfeld betätigt wird.

Die bewegliche Form sollte mit dem Motor **M4** ganz nach rechts geschoben werden, so dass die Form vollständig geschlossen ist. Die Form ist vorhanden, wenn der Sensor **B5** ein **FALSE**-Signal liefert.

Die Spritzeinheit wird mit dem Motor **M3** in das Werkzeug geschoben.

Der Sensor **B1** gibt ein **FALSE**-Signal, wenn die Einspritzeinheit vollständig eingeführt ist.

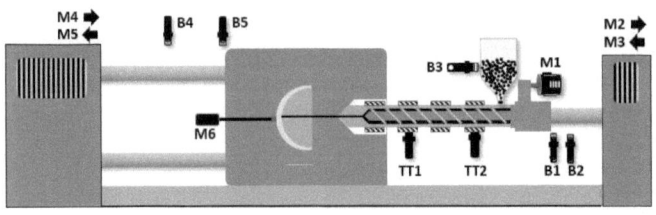

In den Trichter ist nun Kunststoffgranulat eingefüllt worden.

Das Kunststoffgranulat fällt in die Spritzeinheit und wird dort zum Schmelzen erhitzt. Der geschmolzene Kunststoff wird mit einer vom Motor **M1** gesteuerten Schnecke in die Form gespritzt.

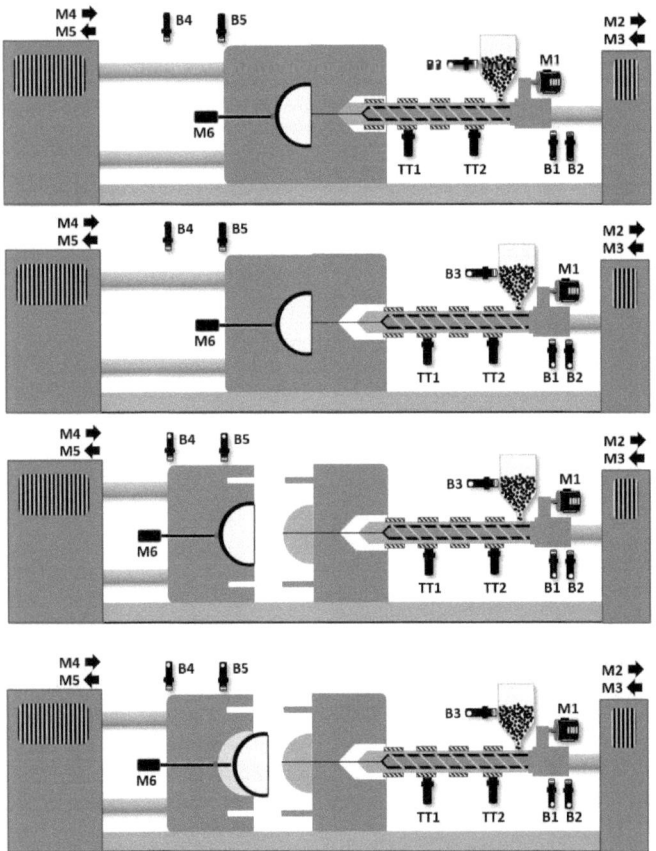

Nach 10 Sekunden ist die Form gefüllt.

Die vom Motor **M1** gesteuerte Schnecke wird angehalten.

Die Spritzeinheit wird mit **M2** zurückgezogen.

Der Sensor **B2** gibt ein **TRUE**-Signal, wenn die Einspritzeinheit vollständig eingefahren ist.

Sobald der Kunststoff erstarrt ist, wird die bewegliche Form mit dem Motor **M5** nach links bewegt. Sensor **B4** liefert ein **TRUE**-Signal, wenn das Werkzeug vollständig nach links bewegt wird.

Mit einem elektrisch angetriebenen Dorn **M6** wird die fertige Kunststoffschale aus der Form gedrückt.

M6 braucht 2 Sekunden lang ein **TRUE**-Signal, um die Plastikschale herauszuschieben.

Übung
Schreiben Sie ein SPS-Programm für die Spritzgussmaschine.

11.10 Pumpstation mit drei Pumpen (Wechselbetrieb)

In dieser Übung geht es um ein SPS-Programm für eine Pumpstation mit drei Pumpen:

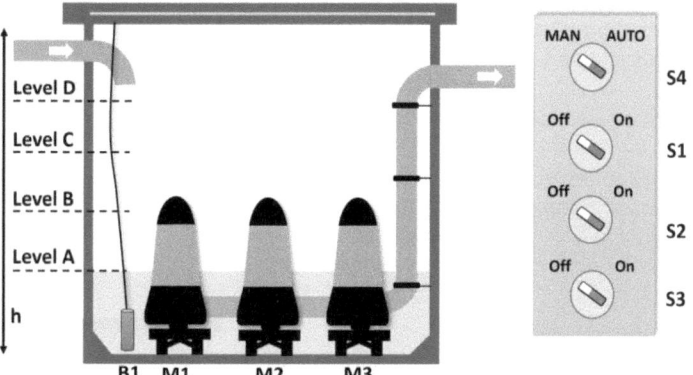

Beschreibung

Die Pumpstation enthält drei Tauchpumpen (**M1**, **M2**, **M3**), einen analogen Niveausensor **B1** und ein Bedienfeld.

Die Höhe des Pumpenschachts wird durch die Höhe h angegeben und kann auf 6 Meter eingestellt werden. Der analoge Niveausensor **B1** hat somit einen Messbereich von 0 bis 6 Metern.

Das Bedienfeld verfügt über einen Drehschalter **S4** für manuellen und automatischen Betrieb.

Manueller Betrieb

Die Pumpen können mit den Drehschaltern **S1**, **S2** oder **S3** einzeln ein- oder ausgeschaltet werden.

Automatikbetrieb

Der Drehschalter muss sich in der Position "on" befinden, damit die Pumpe in den Automatikbetrieb einbezogen werden kann.

Automatik Funktionsweise

Die Pumpen sollten sich je nach Füllstand in der Pumpstation ein- und ausschalten. Der Füllstand wird mit dem Sensor **B1** gemessen. Dies bedeutet, dass:

Wenn der Pegel (Level) in der Pumpstation unter Stufe (Level) A liegt, sollten alle Pumpen ausgeschaltet werden.

Wenn der Pegel in der Pumpstation von Pegel B auf Pegel C oder von Pegel C auf Pegel D ansteigt, sollte eine weitere Pumpe eingeschaltet werden. Wenn also der Pegel in der Pumpstation über Pegel D liegt, sollten alle Pumpen in Betrieb sein.

Wenn der Pegel von Stufe C auf Stufe B oder von Stufe B auf Stufe A sinkt, sollte eine Pumpe abgeschaltet werden. Dies bedeutet, dass vermieden wird, dass eine Pumpe kurz nach dem Anlaufen stoppt (dies wird als Hysterese bezeichnet).

Außerdem muss ein Wechselbetrieb eingesetzt werden, d. h. die Pumpen sollten abwechselnd starten und stoppen, wenn sich der Pegel in der Pumpstation ändert. Außerdem sollte ein 24-stündiger Wechselbetrieb gewährleistet sein.

Übung

Schreiben Sie ein SPS-Programm anhand der Beschreibung.

11.11 Entwicklung einer SPS-Steuerung für einen Aufzug

Ein Unternehmen entwickelt und liefert Aufzüge.
Sie sind gerade als Berater eingestellt worden und
sollen das Unternehmen bei der Entwicklung eines
SPS-Steuerungssystems für einen Aufzug
unterstützen.

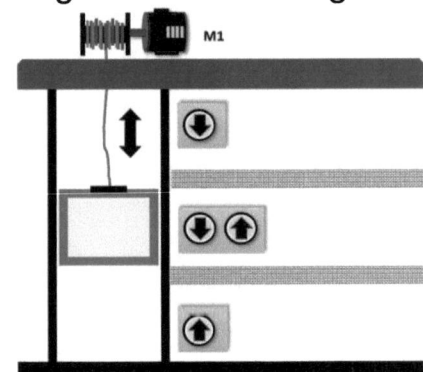

Der Aufzug sieht aus wie der rechts abgebildete:

Übung
1) Finden Sie geeignete elektrische Komponenten
   und Sensoren zur Steuerung des Aufzugs.
2) Schreiben Sie eine Steuerungsspezifikation.
3) Schreiben Sie ein SPS-Programm für den Aufzug.

11.12 Steuerungssystems für mobile Ampeln

In dieser Übung geht es um die Entwicklung eines SPS-Programms für
mobile Ampeln, die für Baustellen eingesetzt werden können.

Bei Baustellen müssen immer zwei mobile Ampelanlagen eingesetzt
werden.

Übung
Verfassen Sie eine Beschreibung der Steuerung, die auch eine Beschreibung der von Ihnen
gewählten elektrischen Komponenten enthalten muss.
Da zwei mobile Ampeln in der Regel während einer Baustelle zusammen verwendet werden,
sollte beschrieben werden, wie der Benutzer die beiden Ampeln synchronisiert, damit sie nicht
gleichzeitig Grünlicht haben.
Der Benutzer sollte die Dauer des Grün/Rot-Zyklus einstellen können, da die mobilen Ampeln
auf verschiedenen Straßenlängen eingesetzt werden können müssen.
Sie können eine geeignete Steuerungsmethode und Datenkommunikation zwischen den
beiden mobilen Ampeln wählen.
Schreiben Sie dann ein SPS-Programm, das für die beiden mobilen Ampeln verwendet werden
kann.

11.13 Palettieren mit XY-Roboter gesteuert durch eine SPS

In dieser Übung entwickeln Sie ein SPS-Programm für ein System, das Kartons auf eine Palette stapelt. Die Kartons kommen auf einem Förderband, das von **M1** gesteuert wird. Wenn der Sensor **B1** ein **TRUE**-Signal liefert, soll die Kartons auf die Palette geschoben werden. Ein XY-Roboter wird verwendet, um die Kartons zu bewegen.

Insgesamt sind 12 Kartons zu transportieren.

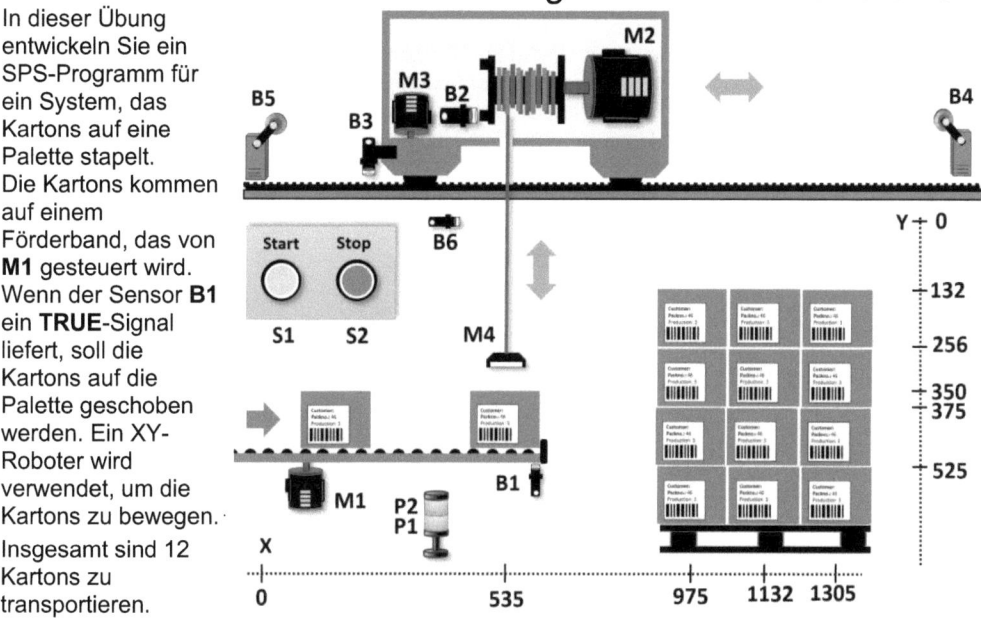

Beschreibung der einzelnen Komponenten:

Name	Bauteil	Beschreibung
S1	Taster	Startkontakt (NO), Start der Palettierung der Kartons.
S2	Taster	Palettieren stoppen (NC).
B1	Sensor	Gibt ein **TRUE**-Signal, wenn eines Kartons abholbereit ist.
B2	Sensor	Drehgeber am Flaschenzug. Die Positionen werden auf der Y-Achse angezeigt.
B3	Sensor	Drehgeber für die X-Richtung. Die Positionen werden auf der X-Achse angezeigt.
B4, B5	Sensor	Mechanischer Endschalter (NC).
B6	Sensor	Ausgangsposition für Y-Achsenpositionen.
P1	Kotrollleuchte	Schaltet sich ein, wenn das System in Betrieb ist (Transport von Kartons).
P2	Kotrollleuchte	Eingeschaltet, wenn das System nicht in Betrieb ist.
M1	Motor	Motor für das Förderband, das die Kartons transportiert.
M2	Motor	Motor für das Flaschenzugsystem.
M3	Motor	Motor, der den Flaschenzug in X-Richtung bewegt.
M4	Motor	Motorventil. Wenn **TRUE**, ist ein Vakuum zum Anheben einer Kartons vorhanden.

Übung

Schreiben Sie eine Steuerungsspezifikation und dann ein SPS-Programm.

11.14 Abfüllen von Säcken in der Fischfabrik

Das Unternehmen Fish Factory GmbH wünscht sich eine Maschine, die Fische in Säcke verpacken kann. Die Fische variieren in Größe und Gewicht. Die Beutel müssen das gleiche Gewicht haben, so dass oft nicht die gleiche Anzahl von Fischen in jedem Beutel enthalten ist. Wenn zu wenig Gewicht in den Beuteln ist, beschweren sich die Verbraucher, und wenn zu viel Gewicht in den Beuteln ist, geht Geld verloren. Die Herausforderung besteht darin, eine Maschine zu entwickeln und ein SPS-Programm zu schreiben, das die richtige Anzahl von Fischen und das richtige Gewicht in jedem Beutel gewährleistet.

Darstellung der Maschine:

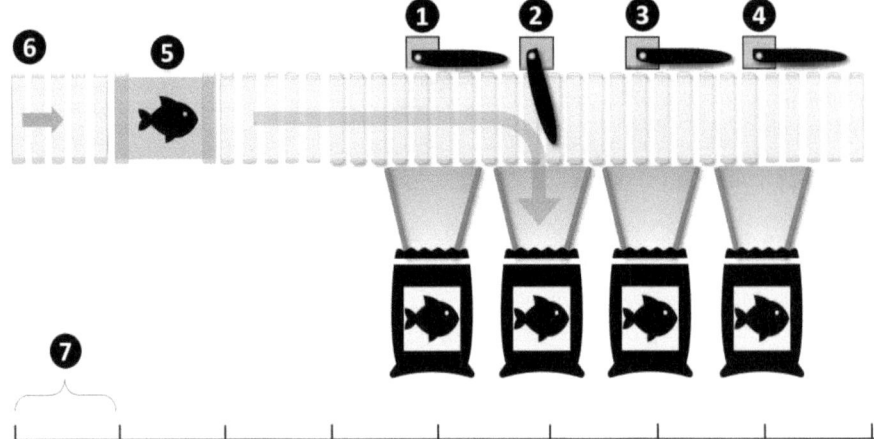

Beschreibung

Der Fisch wird auf ein Förderband bei ❻ gelegt.

Dann wird der Fisch zu einer Waage in ❺ transportiert, wo er gewogen wird.

Nachdem der Fisch gewogen wurde, wird er zu einem elektrisch beweglichen Arm auf ❶❷❸❹ transportiert, wo einer dieser Arme den Fisch in den Beutel schiebt.

Die Maschine sollte dem Bediener signalisieren, wenn ein Behälter mit Fisch gefüllt ist, damit der Bediener den Behälter entfernen kann. Das SPS-Programm sollte benachrichtigt werden, wenn ein gefüllter Beutel entnommen wurde und ein neuer leerer Beutel platziert wurde und bereit ist, Fische aufzunehmen.

Der Abstand bei ❼ beträgt 0,5 Meter.

Der Förderbandantrieb wird über einen Frequenzumrichter (FU) gesteuert.

Es wird davon ausgegangen, dass sich immer nur ein Fisch auf dem Förderband befindet!

Ausgewählte Daten für die Maschine:

Beschreibung	Daten	Einheit	Kommentar
Fisch, Größe	125 - 225	[g]	
Gewicht, Messbereich	0 – 0.5	[kg]	Messgenauigkeit +/- 1%. Der Riemenmotor sollte während der Messung anhalten.
Gewicht und	24	V	Digitaler Signaleingang an der Waage.
Kalibrierung	2	s	Dauer der Kalibrierung.
Riemenantrieb	0 – 2000	RPM	Einstellung am Frequenzumrichter (FU).
Anfahrzeit	500	ms	Vom Halt bis zur Höchstgeschwindigkeit.
Abfahrzeit	500	ms	Von der Höchstgeschwindigkeit bis zum Stillstand.
Durchmesser der Rolle	30	cm	
Größe der Säcke	2.0	Kg	
Toleranz, min.	2.0	Kg	
Toleranz, max.	2.05	Kg	
Geschwindigkeit des Bandes	4	Km/h	

Übung

Die folgenden Fragen und Aufgaben sind zu beantworten:

1) Wie viele Fische sind in jedem Beutel zu erwarten?
2) Welche Drehzahl (Umdrehungen pro Minute) sollte am Frequenzumrichter (FU), der das Förderband steuert, eingestellt werden?
3) Wie lange dauert es (ungefähr in Sekunden), bis ein Fisch auf dem Förderband liegt und in einem Beutel ist?
4) Wie viele Säcke kann die Maschine in einer Stunde füllen?
5) Wie sollte der Bediener Ihrer Meinung nach benachrichtigt werden, wenn ein Beutel gefüllt ist?
6) Wie lange sollte der Fisch auf der Waage bleiben?
7) Welche Arten von Signaleingängen und -ausgängen werden für eine SPS der Maschine benötigt?
8) Zeichne Flussdiagramme, die zeigen, welche Schritte ein Fisch durchlaufen muss, um in einem Sack zu landen.
9) Welche SPS-Programmiersprache sollte man am besten verwenden?
10) Wie kann man das SPS-Programm testen, ohne echten frischen Fisch mit unterschiedlichen Gewichten zu verwenden?
11) Entwerfen und schreiben Sie auf der Grundlage Ihrer Antworten auf die obigen Fragen ein SPS-Programm für die Maschine einschließlich einer Benutzeroberfläche.
12) Erstellen Sie ein FAT-Dokument (Factory Acceptance Test) (Fabrikabnahmeprüfung) und testen Sie Ihr Programm.

11.15 Steuerung von mobilen Robotern in einer Fabrik

In dieser Übung entwickeln Sie ein SPS-Programm, das zwei autonomen mobile Roboter (AMR) steuert, die Pakete von Arbeitstischen ins Lager transportieren sollen.

Überblick über die Fabrikhalle:

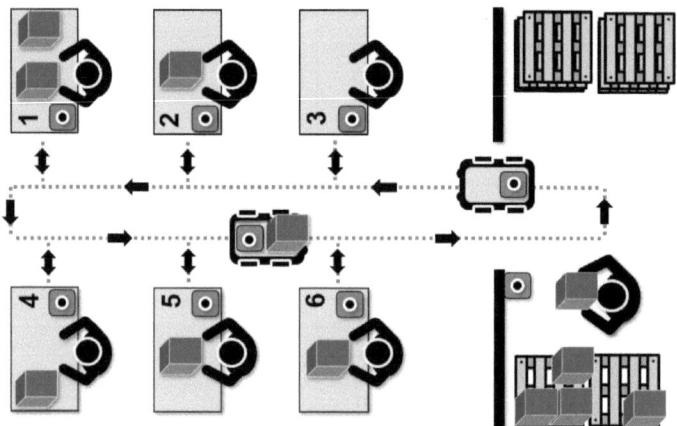

Beschreibung

Es gibt sechs Werkbänke, an denen die Mitarbeiter Waren in Pakete einpacken. Wenn ein Paket an einer Werkbank zur Abholung bereit ist, drückt der Mitarbeiter einen Druckknopf an der Werkbank. Der Druckknopf sendet ein Signal an eine SPS, die dafür sorgt, dass das Paket vom nächsten verfügbaren mobilen Roboter abgeholt wird. Sobald die SPS die Nachricht erhält, schaltet das Licht ein, um dem Mitarbeiter zu signalisieren, dass die Nachricht eingegangen ist. Das Licht sollte wieder ausgehen, sobald das Paket abgeholt wurde.

Wenn ein mobiler Roboter an der Werkbank ankommt, legt der Mitarbeiter das Paket auf den Roboter und drückt einen Taster am Roboter, um ihm zu signalisieren, dass er mit einem Paket zum Lager fahren soll.

Im Lager hält der mobile Roboter an. Ein Lagerarbeiter nimmt das Paket aus dem mobilen Roboter und drückt einen Taster an der Wand, um ihm zu signalisieren, dass er die nächste Fahrt antreten kann.

Die beiden mobilen Roboter folgen einer vorgegebenen Route, d. h. wenn ein mobiler Roboter an einer Werkbank stehen bleibt, kann der andere mobile Roboter vorbeifahren.

Annahmen für diese Aufgabe

In der Warteschlange können sich bis zu 15 Abholaufträge befinden.

Ein mobiler Roboter braucht bei dieser Übung 20 Sekunden, um mit einem Paket vom Lagerhaus und zurück zum Lagerhaus zu fahren.

Ein Mitarbeiter kann mehrere Abholungen kurz hintereinander anfordern.

Übung

Schreiben Sie ein SPS-Programm, das die Warteschlange für das Abholen von Paketen verwalten kann.

11.16 FIFO in einer kleinen Fabrik simulieren

Es existiert die folgende kleine Fabrik, die aus vier Maschinen und Förderbändern besteht:

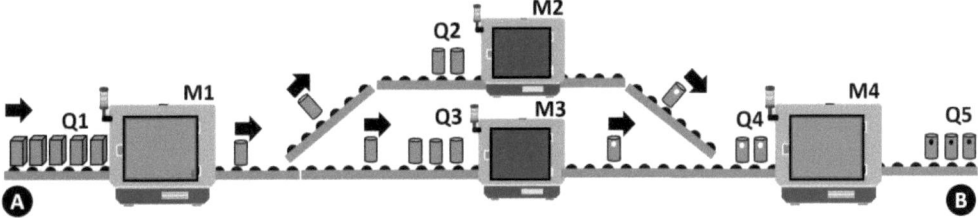

Spezifikation

Die Maschinen **M1**, **M2**, **M3** und **M4** bearbeiten jeweils einen Gegenstand.

Maschine **M1**: Kann bis zu 15 Artikel pro Minute verarbeiten.

Maschine **M2**: Kann bis zu 6 Artikel pro Minute verarbeiten.

Maschine **M3**: Kann bis zu 8 Artikel pro Minute verarbeiten.

Maschine **M4**: Kann bis zu 12 Artikel pro Minute verarbeiten.

Die Transportzeit für Sendungen zwischen **M1** und **M2/M3** beträgt 8 Sekunden.

Die Transportzeit für Sendungen zwischen **M2/M3** und **M4** beträgt 6 Sekunden.

Beschreibung

Die Artikel werden von einem Bediener an Punkt A auf das Förderband gelegt. Die Artikel gelangen dann in eine Warteschlange (**Q1**) vor der Maschine **M1**. Die Maschine **M1** entnimmt automatisch einen neuen Artikel aus der Warteschlange **Q1**.

Die Maschinen **M3** und **M2** führen ähnliche Aufgaben aus. Wenn die Artikel die Maschine **M1** verlassen, müssen sie auf die Maschinen **M2** und **M3** verteilt werden. Sie müssen selbst über die optimale Verteilungsmethode entscheiden.

Schließlich werden alle Artikel vollständig von der Maschine **M4** verarbeitet.

Warteschlangen-System

Da die Maschinen nicht die gleiche Anzahl von Artikeln pro Minute verarbeiten können, ist vor jeder Maschine ein FIFO-Puffer (First In First Out) erforderlich, damit die Artikel in einer Reihe warten können, bevor sie in die Maschine gelangen. Nach der Maschine **M4** gibt es auch eine Warteschlange **Q5**, da die Artikel manuell vom Förderband genommen werden (Punkt B). Wenn ein Artikel entnommen wird, muss der Bediener einen Taster betätigen, um zu signalisieren, dass der Artikel vom Förderband und damit von der Warteschlange **Q5** entfernt wurde.

Jede Warteschlange kann bis zu 5 Einträge enthalten.

Produktionsnummer

Wenn ein Artikel auf das Förderband vor der Maschine **M1** gelegt wird, muss er eine eindeutige Produktionsnummer haben. Diese Nummer kann entweder über die HMI (Benutzeroberfläche) eingegeben oder automatisch generiert werden. Diese Produktionsnummer muss die Artikel durch die gesamte kleine Fabrik begleiten.

Übung

Programmieren Sie eine SPS-Lösung, die die gesamte kleine Fabrik simuliert.

11.17 Datenerfassung von der Maschine zur Pivot-Tabelle

In dieser Übung sollen Sie Daten von einer Maschine sammeln und diese in einer Pivot-Tabelle darstellen.

Die Maschine ist rechts abgebildet:

Betrieb
Ein Sensor **B1** wird verwendet, um ein in die Maschine eintretendes Paket zu erkennen.

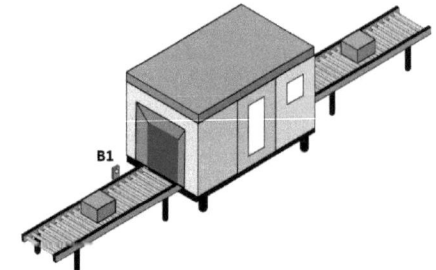

HMI
Zeigt eine Pivot-Tabelle (Säulendiagramm) mit fünf Spalten an. Jede Spalte zeigt die Anzahl der Pakete an, die den Sensor **B1** innerhalb einer Minute passiert haben. Jedes Mal, wenn eine Minute verstreicht, verschieben sich die Spalten nach links, so dass die Spalte, die älter als 5 Minuten ist, nicht mehr angezeigt wird. Die neueste Spalte befindet sich also rechts, und die Spalte erhöht sich jedes Mal um eins, wenn ein Paket den Sensor **B1** passiert. Diese Spalte zeigt also nicht die Anzahl der Pakete für eine volle Minute, sondern den laufenden Zeitraum an.

Abbildung der HMI:

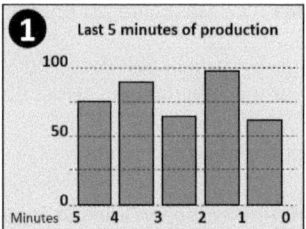 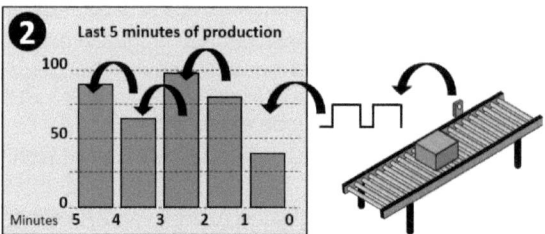

Die beiden Abbildungen zeigen Folgendes:

❶ Zeigt die Anzahl der Pakete für die letzten 5 Minuten der Produktion an.

❷ Hier wurden alle Spalten von ❶ um eine Position nach links verschoben.
Die Daten von Sensor **B1** werden in der Spalte ganz rechts gezählt.

Daten von der SPS zum HMI
Die Spalten der auf der HMI konfigurierten Pivot-Tabelle sind also dynamisch, d.h. die Höhe der Spalte wird auf der Grundlage des von der SPS kommenden Wertes eingestellt.

Der Wert in jeder Spalte liegt in einem Bereich von 0 bis 100.

Die fünf Spalten auf der HMI heißen **Col01**, **Col12**, **Col23**, **Col34** und **Col45**. Die erste Spalte mit der Bezeichnung **Col01** dient der Zählung des Pakets, während die anderen vier Spalten historische Daten enthalten.

Übung
Schreiben Sie ein SPS-Programm, das die Daten von **B1** erfasst und in die fünf Spalten schreibt.

11.18 Datenerfassung in drei Parkhäusern

In dieser Übung entwerfen Sie eine Lösung und schreiben ein SPS-Programm zur Datenerfassung in drei Parkhäusern.

Bild einer typischen Parkgarage:

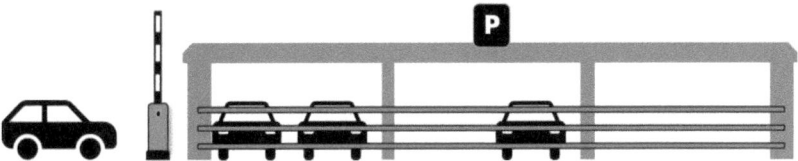

Das Parkhaus ist jeden Tag von 6:00 bis 20:00 Uhr geöffnet. (06:00 bis 20:00).
Jedes Parkhaus verfügt über eine eigene SPS zur lokalen Datenerfassung.
An der Ein- und Ausfahrt befindet sich ein Sensor, der registriert, wenn ein Auto vorbeifährt.

Anforderungen an die Datenerfassung für ein Parkhaus
Für jede Stunde sollte Folgendes aufgezeichnet werden:

A) Die Anzahl der Fahrzeuge, die in der letzten Stunde in das Parkhaus eingefahren sind.

B) Die Anzahl der Fahrzeuge, die das Parkhaus in der letzten Stunde verlassen haben.

Für jeden Tag sollte Folgendes berechnet werden (einmal pro Tag, wenn das Parkhaus geschlossen ist):

C) Die durchschnittliche Anzahl der Fahrzeuge, die pro Stunde in das Parkhaus einfahren.

D) Die Gesamtzahl der Fahrzeuge, die täglich in das Parkhaus einfuhren.

Die SPS sollte Daten für die letzten 2 Tage speichern.

Datenerfassung in den Parkhäusern:
Jeden Tag sollen die Daten der Punkte C) und D) an eine gemeinsame Datenbank gesendet werden, die auf einem gemeinsamen PC installiert ist. Die Daten werden in Form einer kommagetrennten ASCII-Datei (einer CSV Textdatei) übermittelt. Die SPS speichert die Daten in einer ASCII-Datei, die dann in eine gemeinsame Datenbank übertragen wird.

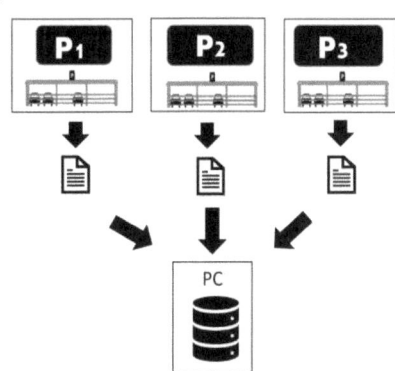

Übung

1) Entwickeln Sie einen Programmentwurfsvorschlag für jede SPS in jedem Parkhaus. Dieser Vorschlag sollte die erforderlichen ARRAYs und eine Beschreibung der Datenerfassung und -speicherung enthalten.
2) Entwickeln Sie einen Entwurfsvorschlag für die zur Datenerfassung verwendete ASCII-Datei.
3) Schreiben Sie für jedes der drei Parkhäuser ein SPS-Programm.

11.19 Pulvermischverfahren mit Chargensteuerung

In dieser Übung geht es darum, ein SPS-Programm für eine Anlage zu schreiben, die Wasser mit Pulver mischt.

Die Anlage besteht aus einem großen runden Mischbehälter und vier kleinen Behältern (**C1** bis **C4**), die jeweils verschiedene Pulversorten enthalten können.

Abbildung der Anlage:

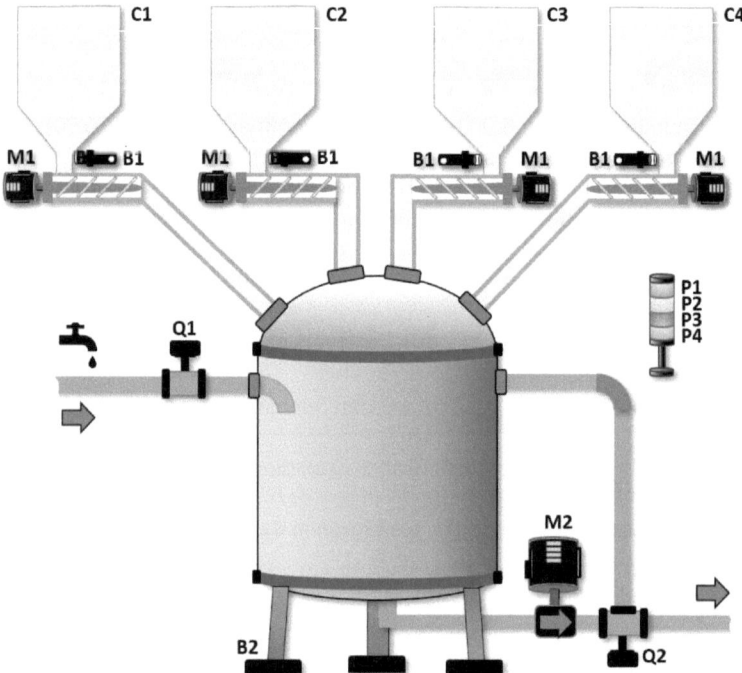

Dosierung und Kalibrierung

Unten ist ein Behälter mit Pulver zu sehen:

Die Dosierung mit Pulver wird kalibriert. Dies geschieht durch Einschalten des Motors M1 für eine Sekunde (Signal **TRUE** an den Motor) und Wiegen der dosierten Pulvermenge. Die vier Behälter sind kalibriert und liefern die folgende Pulvermenge pro Sekunde:

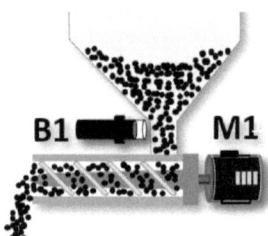

Behälter	Gewicht	Einheit
C1	11	gram
C2	9	gram
C3	13	gram
C4	12	gram

Beschreibung der Komponenten:

Name	Bauteil	Beschreibung
C1-C4	Behälter	Die Behälter enthalten verschiedene Arten von Pulver.
M1	Motor	Motor zur Dosierung des Pulvers. Der Motor ist mit einer Schnecke verbunden, die eine gleichmäßige Dosierung des Pulvers gewährleistet, wenn der Motor auf ein **TRUE**-Signal eingestellt ist.
M2	Pumpe	Motor mit Pumpe. Bei einem **TRUE**-Signal arbeitet die Pumpe und ihre Funktion hängt vom Ventil **Q2** ab: Wenn das Ventil **Q2** ein **TRUE**-Signal hat, wird der Inhalt des Behälters gemischt. Die Flüssigkeit zirkuliert vom Boden des Behälters nach oben und sorgt für eine gründliche Vermischung von Pulver und Flüssigkeit. Wenn das Ventil **Q2** ein **FALSE**-Signal hat, wird der Tank entleert.
B1	Sensor	Der Sensor gibt ein **TRUE**-Signal, wenn ein Pulverbehälter leer ist. Die Anlage darf nicht anlaufen, wenn Pulver aus einem leeren Pulverbehälter benötigt wird.
B2	Waage	Der Tank wird auf eine Wägeplattform gestellt. Somit werden sowohl der Tank als auch sein Inhalt gewogen. Die Wägezelle liefert ein analoges 4-20-mA-Signal. Messbereich: 0 bis 3000 kg. Um das Gewicht zu kalibrieren, wird der abgelesene Wert der Wägezelle im SPS-Programm auf 0 gesetzt, wenn der Tank leer ist.
Q1	Ventil	Dosierung der Wassermenge. Bei einem **TRUE**-Signal ist das Ventil geöffnet. Die für die Mischung benötigte Wassermenge wird mit Sensor **B2** gemessen.
Q2	Ventil	3-Wege-Ventil. Bei **TRUE** kann der Inhalt des Tanks gemischt werden. Bei **FALSE** kann der Tank geleert werden.
P1	Kontrollleuchte	Sollte eingeschaltet werden, wenn der Mischbehälter leer und für eine neue Mischung bereit ist.
P2	Kontrollleuchte	Sollte eingeschaltet werden, wenn Motor **M2** in Betrieb und **Q2 TRUE** ist. Der Inhalt im Tank wird gemischt.
P3	Kontrollleuchte	Sollte eingeschaltet werden, wenn Motor **M2** in Betrieb und **Q2 FALSE** ist. Der Tankinhalt wird entleert.
P4	Kontrollleuchte	Sollte eingeschaltet werden, wenn ein Pulvertank (**C1-C4**) leer ist.

Namensgebung

Die Benennung von Tanks mit Pulver folgt dem ISA-88-Standard (ISA-88-Norm) und stellt eine Einheit dar.

Daher können die Komponenten **B1** und **M1** mit dem Einheitennamen (siehe ISA-88) (**C1** bis **C4**) vorangestellt werden: Zum Beispiel **C1_B1** und **C1_M1**.

Das gesamte System stellt eine Prozesszelle dar.

Tabelle der Chargenmengen

Eine Reihe von Standardmischungen mit Wasser und Pulver ist vorkonfiguriert.

Die folgende Tabelle zeigt die verschiedenen Standardmischungen, die auf dem Benutzerpanel (HMI) auswählbar sein sollten:

Chargen-nummer.	Bezeichnung	C1	C2	C3	C4	Wasser	Mischzeit
1	CIP	0	0	0	0	200	120
2	Standardmischung	250	50	50	100	1000	300
3	Hoch C1	1000	50	50	100	1000	350
4	Standard klein	25	5	5	10	100	100
5	C3 C4 Mischung	0	0	100	200	500	100
6	Stark	500	500	450	600	1000	500

Die Chargenprogrammnummer 1 heißt CIP, was für Clean-In-Place steht und ein Reinigungsprogramm für den Tank und die Rohre ist.

Mengeneinheiten

Die Einheiten für die Dosierung von **C1** bis **C4** sind in Gramm [g].

Die Einheit für Wasser ist in Litern [l].

Die Einheit für die Mischzeit beträgt Sekunden [s].

In dieser Übung wird angenommen, dass 1 Liter Wasser 1 Kilogramm wiegt.

Benutzerpanel

Die Anforderungen für das Benutzerpanel (User Panel) und die Mensch-Maschine-Schnittstelle (HMI, Human Machine Interface):

Für das SPS-Programm und das Bedienpanel gelten folgende Anforderungen:

1) Der Benutzer sollte in der Lage sein, Text einzugeben, der den Inhalt jedes Pulvertanks beschreibt.
2) Es sollte eine Option für den automatischen Betrieb vorhanden sein, bei der Charge 1 bis 6 ausgewählt werden kann.
3) Es sollte eine Möglichkeit zur manuellen Bedienung geben, bei der Komponenten einzeln bedient werden können.
4) Es sollte möglich sein, das System zu starten und zu stoppen.

Übung

Auf Basis der genannten Anforderungen und Beschreibungen:

A) Entwerfen Sie ein Benutzerpanel und eine HMI.

B) Entwerfen Sie ein Programm und programmieren Sie die Lösung in einer SPS.

Zusätzliche Übung

Als zusätzliche Aufgabe sollte der Benutzer die Möglichkeit haben, Chargen zu löschen oder neue hinzuzufügen.